品成

阅读经典 品味成长

高效成交

江富生

著

人民邮电出版社

北京

图书在版编目（CIP）数据

高效成交 / 江富生著. -- 北京 ： 人民邮电出版社，
2023.11
ISBN 978-7-115-62939-5

Ⅰ．①高… Ⅱ．①江… Ⅲ．①销售－方法 Ⅳ.
①F713.3

中国国家版本馆CIP数据核字(2023)第197225号

◆ 著　　　　江富生
责任编辑　郑　婷
责任印制　陈　犇

◆ 人民邮电出版社出版发行　　北京市丰台区成寿寺路 11 号
邮编 100164　电子邮件 315@ptpress.com.cn
网址 https://www.ptpress.com.cn
北京联兴盛业印刷股份有限公司印刷

◆ 开本：880×1230　1/32
印张：5.75　　　　　　　　2023 年 11 月第 1 版
字数：90 千字　　　　　　2023 年 11 月北京第 1 次印刷

定价：68.00 元

读者服务热线： （010）81055671　印装质量热线： （010）81055316
反盗版热线： （010）81055315
广告经营许可证：京东市监广登字 20170147 号

前　言

随着移动互联网的发展，很多消费者越来越倾向于在线上购物。实体店作为传统零售业的代表，近年来，在经济发展中面临一系列问题。

第一，获客难。除了热门商圈的大型商场或超市等线下实体店，其他实体店的销售辐射范围都较小，潜在客户比较固定，很难拓展新客。

第二，成本高，竞争压力大。实体店不仅要面对店铺租金、水电费用等一系列运营成本，还要面对网络电商平台的冲击、其他实体店的无序竞争。

第三，客户忠诚度低。随着购买渠道越来越多元化，客户掌握着商品购买渠道的选择权，非常容易因为各方面的影响选择更换购买渠道。

第四，规模小，模式落后。实体店的规模普遍较小，没有议价能力；而且在经营模式方面，实体店完全凭借店主或店员的经验进行销售，没有创新能力。

虽然实体销售市场的发展大不如前，但这并不代表实体销售市场以后也全无机会。目前的实体销售状况是对全体实体销售人员提出的考验。

创业二十余年，深耕于销售领域，我深知在这个竞争激烈的市场上，想要做到高效成交有多难。一名优秀的销售人员，不仅需要了解专业的产品知识，还要善于沟通，能准确理解客户的需求，及时帮助客户解决方方面面的问题。我也清楚地知道销售工作有多么辛苦，了解销售人员的心酸与沮丧。

现在的市场环境对每一个实体销售人员的销售技能和销售经验都提出了更高的要求。我愿意把我的经验毫无保留地分享给大家。在这本书中，我讲到了涉及销售心态和销售技巧的多方面内容。我希望每一个看到这本书的人都能实实在在地获益，切切实实地有所领悟，进而提升自己，在销售领域有所建树。

　　为者常成，行者常至。我始终相信，成功的道路并不拥挤，因为聪明者未必坚持，坚持者未必聪明，聪明而又能坚持到成功的人寥寥无几。所以，如果你真的想要在销售之路上走得更远，那么你必须以一颗恒心认真钻研销售技巧，提升销售能力。

　　最后，我想祝福所有奋战在销售一线的工作人员顺利签单，高效成交。

第一章
做销售，心态决定你的业绩

第二章

销售，不打无准备之仗

第三章

找到目标客户，销售事半功倍

第四章

沟通的成败决定销售的成败

第五章

正确面对客户异议

第六章

重视售后服务，达成长久合作

第一章

做销售，
心态决定你的业绩

销售人员处在激烈的竞争环境中，每个人都想通过自己的努力获得更多的业绩，每个人都想出人头地。经过无数次的失败后，人们才幡然醒悟：那个最强大的敌人，其实深深地隐藏在自己的心中。只有心态好，才能用春风化雨般的热情获得客户的信任，才能依靠百折不挠的精神不断地迎接挑战，完成看似不可能完成的任务。

第一节
做销售，需要好心态

销售是一项非常具有挑战性的工作，挑战销售人员的智慧、反应能力、耐心、自信心、自尊心和勇气。简单来说，心态就是人的心理状态，调整自己心情和情绪的能力。当你遭遇困境、心情受到负面影响时，你需要多长时间能调整好自己的状态？当你的情绪产生波动时，你会做出怎样的反应？面对危险和挫折，你是积极地想办法解决问题，还是一味地怨天尤人？

销售工作是对销售人员的一种考验，是对心理承受能力和心理调节能力的考验。在考验的过程中，怎样让积极的心态战胜消极的心态，让愉悦、兴奋等情绪取代恐惧、胆怯、愤怒等情绪，是每个销售人员都需要修炼的基本功。只有这些基本功修炼好了，才能做好销售工作，才有可能成为成交高手。

拿破仑·希尔说："人与人之间没有太大区别，只有积极的心态与消极的心态这一细微区别，但正是这一点点细微的区别决定了 20 年后两个人生活的巨大差异。"

1. 销售形势越不利，越要调整心态

销售人员在工作中常常会遇到各种不利的境况。比如，客户会找各种理由拒绝购买产品，竞争对手会使出浑身解数来抢单，公司里的同事可能竭尽全力地与你竞争。销售人员如果为此沮丧、失落，对工作本身毫无助益。相反，越到困难时，销售人员越应调整心态，冷静分析，积极应对，努力扭转局面。

小赵是公司里的销售高手，经理常常夸他是"打不死的小强"。面对客户的刁难，他每次都能妥善处理。

有一次，小赵接到客户张总的电话，张总气急败坏地说："你们公司的产品太差劲了，用了不到一

周就有一个零部件出了问题，当初我是相信你才同意试用你们的产品，其实你们竞争对手的产品在质量和价格方面都比你们有优势，我当初是昏了头才上了你的当……"

张总在电话里发泄了一通，换成公司其他销售人员恐怕很难承受得了这种狂轰滥炸，但小赵不同，只见他用肩膀夹住电话，两只手不停地敲着键盘，把张总说的每句话都记了下来。等电话那头没声音了，小赵才说："张总，实在抱歉，我把您的意见都记下来了，上次给您试用的是我们的样品，没想到给你添了这么多麻烦，您消消气。"

电话那头的张总叹了一口气，说："小赵，也就是你脾气好，态度也好，换了别人，我早就不想合作了。"

小赵诚恳地说："张总，不好意思，这事都怪我没办好。"

"哎，其实我也就是一时气不过，想要发泄一下。你们公司的产品总休来说还是挺不错的，就是有点小问题。"

　　小赵见机行事，赶紧提议把成品给张总送过去。

　　张总说："好吧，我喜欢和你这个人打交道，就再给你一次机会，这次要是再出什么问题，以后就没有合作机会了。"

　　客户的强硬态度，常常会让销售人员乱了方寸。张总刚开始气势汹汹，让这场交易看似走到了尽头。如果不具备良好的心态，小赵有可能和客户吵起来，也可能以降价、补偿等形式挽留客户，或者直接打退堂鼓。

　　完美的产品都要经过无数次迭代，如果你的产品确实出了问题，就要允许客户发脾气。很多时候，客户发完脾气，也会感觉自己的行为有些过激，会觉得有些愧疚。这时，就是扭转局面的好机会。在冷静、沉稳的心态下以退为进，不但可以让客户消气，也能让自己再获得一次成交的机会。

2.　面对挑剔的客户，多一些忍让

　　在销售过程中，客户忽冷忽热的态度常常会干扰销售人员的判断。越是这种时候，销售人员越应该调整好心态，抑制住内心的冲动，多一些耐心，多一些忍让，从容应对。

　　小刘在一家健身器材公司从事销售工作，有家健身中心和他合作快两年了，双方合作一直挺愉快的。但这家健身中心的采购部突然换了领导，这给小刘的工作带来了很多困难。

　　都说"新官上任三把火"，新上任的孟经理也不例外。为了彰显权威，孟经理今天说小刘公司的产品质量不合格，明天又嫌小刘公司的报价高。小刘被搞得焦头烂额，一度感觉就要失去这个客户了。

　　小刘去问自己的上司怎么办，经理让他避开对方的锋芒，以柔克刚，对方出拳越狠，越要接得温柔。

　　于是，小刘又去拜访孟经理，他到的时候已经有好几个公司的销售员在门口排队了。小刘等其他销售员都走了，才进的办公室。孟经理一如既往，各种挑毛病。小刘没做任何辩解，始终面带微笑，耐心地听他讲完。然后，他走上前不紧不慢地说："孟经理，您说的这些我心里都有数，能满足您要求的事情我一定尽力。这段时间您也够辛苦的，我就不多打扰了。"

后来，小刘又去见了孟经理两次，从不多说话，孟经理提出的意见他都虚心接受。渐渐地，孟经理的态度有了明显好转，最终与小刘达成了交易。

应对孟经理这样的客户，最重要的一点就是心态平和、以柔克刚，重视对方的要求，这样才有机会促成合作。

3. 克服胆怯，勇敢迈出第一步

销售工作看起来是销售人员在和客户、竞争对手斗智斗勇，实际上也是在和自己战斗。销售人员在和客户达成交易之前，首先面对的是自己的胆怯、自卑、困惑等心理问题。你战胜不了自己，就无法赢得客户。

老王的儿子大学毕业了，他让儿子去老同学林总的公司实习。林总是看着小王长大的，知道他从小就有些胆小，于是决定把他放到销售岗位上锻炼一下。入职一个月之后，小王不仅没达成一单交易，而且连一个意向客户都没找到。林总找小王的部门主管了解情况，主管向林总汇报说，小王每次给客户打电话都吞吞吐吐、唯唯诺诺，一安排他去见客户，他就想拒绝。眼看着小王越来越消沉，林总不能坐视不管，决定给他用点"非常手段"。

有一天，林总把小王叫到办公室，对他说："咱们写字楼的 B 座 2208 有一位冯总，是一位老人家，他是咱们公司的老客户，就是脾气有点大。你今天把产品给他送过去，他每次见陌生人心情都不太好，你别当回事，等他发完脾气就好了。"

其实林总并没有说假话，这位冯总脾气非常大，是公司最难搞定的客户，好几个销售员都被他骂了回来，一直没有人敢再去尝试。林总知道小王虽然胆子小，但脾气很温和，说不定他能受得了冯总的"暴击"。

一小时后，小王回来了，兴奋地向林总汇报说："冯总的脾气挺好的，他说我带的产品少了，让我一会儿再送些过去。"

林总虽然预感到小王有可能成功，但听到这个消息还是有些意外，问道："你怎么把他搞定的？"

"您不是说了嘛，听他骂完就没事了。"小王说。

林总笑着点点头。自从签成这一单之后，小王的胆怯心理也慢慢得到了改善，不再害怕见客户，业绩也有了很大的增长。

销售人员最大的敌人是谁？很多人认为是竞争对手。其实不是，销售人员最大的敌人是自己。古语云："千千为敌，一人胜之，未若自胜，为战中上。"这句话说的就是这个意思：人最大的敌人是自己，一个人能够打败千千万万的敌人，却不一定能战胜得了自己身上的弱点。

销售是需要一些技巧的，如果技巧可以建立在一个良好心态的基础之上，就更容易实现成交。很多销售人员，尤其是刚刚进入销售行业的新人，遇到的最大困境就是不知道如何调整好自己的心态。

不理解、不理睬，甚至拒绝，几乎是每个销售人员都会遇到的问题。很多销售人员在从事销售工作的过程中都产生过严重的挫败感。其中有一部分销售人员能够迅速调整自己的心态，重新振作起来，继续保持一种充满激情的、积极向上的状态。而有一部分销售人员却会感觉深受打击，需要较长的时间来缓解自己内心的痛苦，甚至有些销售人员因为无法突破心理上的障碍，最终离开销售行业。

调整好自己的心态，随时让自己保持一种积极向上的状态，任何难搞定的客户、任何难以突破的瓶颈，可能都只是你销售生涯中的一个小插曲。要想成为销售行业的王者，好心态不可或缺。

第二节
对自己的销售能力充满信心

有一些销售人员在向领导汇报工作时经常会说："这一单我真的尽力了，即使没能成功签单，我也问心无愧。"实际上，他们很可能并没有真正做到尽力，只不过是为自己的失败找个借口，对自己最终能成功签单没有信心罢了。

对销售人员来说，自信至关重要。自信是成功的必要条件，只有当你对自己的产品推荐能力充满自信时，你才能在客户面前做到胸有成竹，以此感染和征服客户，赢得客户对你及你推销的产品的认可。而一个没有自信的人，做什么事情都很难取得理想的结果。

当然，也不可盲目自信，而是要遵循一定的方法。一方面，我们要对自己的产品有信心，同时对自己的销售能力有信心；另一方面，我们要不断提醒自己没有说服不了的客户，一种方法行不通，可以试试其他方法。

美国布鲁金学会是一个培养世界上最杰出的销售人员的组织，"金靴子"奖是该学会为每期学员制定的一个奖项，谁能完成学会设计的销售题目，谁就可以获得此奖项。

在克林顿任美国总统期间，学会给学员准备的题目是：请把一条内裤推销给现任总统。但是在克林顿任职的 8 年时间里，没有一个学员获得成功。当小布什上台后，学会把题目改成了：请把一把斧头，推销给小布什总统。

鉴于在上一个题目上的失败，很多学员对此项任务望而却步，他们认为这根本是一项完不成的任务。出人意料的是，一位名叫乔治·赫伯特的学员完成了这个任务。在接受采访时，乔治·赫伯特轻松地说："刚开始我也像其他人一样，认为向总统推销产品是不可能的。后来我经过认真分析，又确信自己把一把斧头卖给小布什总统完全有可能。因为小布什总统有一个农场，里面种了很多树，有树的地方总要使用斧头。"于是，他给小布什总统写了一封信，信中写道："我有幸参观过您的农场，看到里面有许多树已经枯死了，木质也变得松软。我想，您一定需要一把合适的斧头，正好我这里有这样一把斧头，非常适合砍枯树。如果您有兴趣，请按信中留的信箱地址给予回复。"

最终，小布什总统给他汇了 15 美元。

作为一名销售人员，要想成功地说服客户，获得客户的信任，首先你必须坚信自己的销售能力，然后才能信心百倍地和客户交谈，从容不迫地面对客户提出的每一个问题。缺少自信的销售人员常常在情况稍有不利时就会打退堂鼓，如此订单就不易谈成。事实上，在那些成交高手的字典里，根本没有"不可能"三个字。他们始终相信自己的能力，认为一切"不可能"都可以变成"可能"。

那么，销售人员应该如何培养自信呢？

1. 经常自我鼓励

要想保持足够的自信，你就要常常进行自我肯定和自我鼓励。比如每天出门前，你可以对着镜子说一句鼓励自己的话："我今天一定会成功签单！"

2. 不断提升自身实力

自信不是自傲，自信是在有学识和能力的基础上相信自己可以运筹帷幄。一个人的自信主要来自自身的实力，因此，如果你想要对自己的产品推销能力充满信心，就要对客户和产品有清楚全面的认识，了解客户的企业情况、产品需求等，掌握产品的主要性能、优缺点，做到对答如流。

3. 克服自卑感

销售人员要学会克服自卑感。有一些人在一对一谈话或者在熟人面前可以侃侃而谈，但是只要到了公共场合或者面对陌生人，就会不知所措、语无伦次，这就是缺少自信的一种体现。多参加一些社交活动或多试着参加演讲是帮助人建立自信、克服自卑感的好方法。

4.　可以假装自信

正如演员初次登台多少会有些紧张一样，销售人员第一次面对客户时，也难免会感到紧张。这时候，千万不能被这种紧张的情绪影响，也一定不能让客户察觉到你的紧张，要试着让自己看起来很自信。有自信才容易赢得客户的青睐。

一家新媒体公司的新员工培训结束后，小李被经理安排去和一位客户洽谈商务合作事宜。询问情况后小李得知，这位客户比较难攻克，在他之前已经有三位同事被拒绝了。小李心里开始打鼓：公司派我这样一个新手去接洽这样一位客户，我怎么可能完成呢？

经理了解到小李的想法后，对他说："你们这批销售人员从入职培训开始我就持续关注，在这一群新人中，你是表现最出色的一个，我相信你有这个潜力和能力，你只是缺一个证明自己的机会。"听了经理的话，小李打消了之前的疑虑，他开始不断地暗示自己：我的能力是得到经理认可的，我可以谈成这笔交易，不会让他失望。

　　带着这种暂时"装"出来的自信，小李开始拜访这位客户。虽然前两次也受到了客户的冷遇，但小李一直持专业的态度，耐心地为客户讲解产品。最终，在第三次拜访时，他成功地签下了这一单。

　　其实，小李不知道的是，经理不仅找了他、对他进行了鼓励，还分别找了和他一起培训的其他新员工，而且对每个人说了同样的话，目的就是最大限度地提升员工的自信，很显然，这种方法在小李身上得到了正向反馈。

　　足够的自信是销售人员取得成功的重要条件，因此，要想成为一名销售高手，就要让自己自信满满地面对每一个客户，全力以赴。

第三节
热爱可抵岁月漫长

　　在职场上打拼，哪有不辛苦的呢？尤其是销售行业，来自竞争的压力、来自业绩指标的压力，常常让人喘不过气来。这也是销售行业人员流动相对比较快的一个重要原因。但是，为什么有很多人仍然能够在这个行业获得成就呢？有人会说，因为他们有能力；也有人会说，因为他们运气好。这些都没错，但其实还有一个原因，那就是他们热爱这份销售工作，对这份工作充满激情，所以即使工作充满挑战，即使遇到困难，他们也能坚持，直到最后获得成功。

　　因此，作为一名销售人员，如果你能够真正对这份工作产生热爱，以饱满的精神状态去面对这份工作，那么你就不会觉得工作苦闷、无聊，相反，还可以从工作中发现乐趣。一个人若是热爱上他的工作，就会释放出难以想象的能量。

　　小魏是公司的金牌销售员，公司很多新来的销售员都想从他那里学到一些销售技巧。小魏告诉他们："其实不用学什么技巧，只要你们认真观察一下我每天的工作安排，就会有所领悟。"听了这话，新来的同事们有点摸不着头脑，但仍然照做了。他们开始观察小魏每天的工作安排，并认真进行了记录。

　　每天早上，小魏基本上都是最早来到公司的。到了公司，他就按照前一天做好的计划开始一整天的工作：整理客户名单，打电话给客户约拜访时间，查找客户公司的相关资料，了解客户的背景、个人喜好，按约定时间去拜访客户，拜访客户回来之后写日志，下班之前会计划好明天的工作……就连午饭的时候，他都有可能在和客户打电话。其实，大家看到的只是小魏在工作时间的一些表现。在非工作时间，比如在每天上班的路上，小魏也在查阅当天要拜访的客户的资料，思考如何与客户商谈；下班之后，小魏也会复盘一天的工作，思考第二天应该如何给客户报价，有时就连做梦都是在和客户谈生意，他的妻子经常笑他已经"走火入魔"了。

一周后，新来的同事们基本已经明白了，小魏之所以能够成为金牌销售，是因为他极度热爱自己的这份工作，每天都带着热情去拜访客户。正所谓"干一行，爱一行"，小魏对销售工作的热爱，正是支持他长久从事这份工作的原因。

当一个人由衷地热爱自己的工作时，他的工作就成了他生活中非常重要的一部分，二者是没有办法剥离开的。同样，当你真正喜欢上销售这份工作的时候，这份工作就不单单是你谋生的手段，而是你生命中的一束光，再多的困难和挫折也不会让你感到疲惫。

1. 做好销售，从热爱销售做起

销售工作是一份非常有挑战性的工作。很多时候，并不是付出了就会有回报，这份工作需要你用长久的热爱来维系。一时的亢奋容易，要想永远保持自己的那份激情，就需要你对这份工作发自内心地热爱。

只有真心热爱销售工作，你才能以高涨的热情去探寻联系客户、提高业绩的方法，每天都有新鲜感，用赤诚的态度为每一位客户服务，真正满足他们的需求。

一个人对工作的热爱程度会影响他的工作行为，真心热爱销售工作的销售人员总能以积极的心态面对工作中的各种难题，正确处理和客户之间的一切不快。而那些对工作缺少热爱的人则总是喜欢不停地抱怨，抱怨产品、抱怨客户。每天工作敷衍了事，久而久之，这些人的心态就会变得消极，对生活都缺少热情。

2. 带着责任心去销售

如果一个销售人员带着责任心做事，就会表现得积极主动，愿意尽心尽力地去为客户服务，力争每一件小事都要比别人做得更好、更有效率、更让客户满意。在不断努力的过程中，他会体会到工作带来的喜悦，进而更加热爱销售工作。

试想，一个毫无责任心、每天对上级布置给自己的任务敷衍了事的销售人员,怎么可能提升自己的销售业绩?如果一个人认为工作只是单调无趣的循环,势必无法在工作中有所建树。

3. 不要把注意力只放在金钱上

从某种意义上讲,工作是我们获得收入的主要方式,也是我们生存的保障。但是,如果单纯为了金钱而工作,那么人生将失去无数乐趣。

一个人只有热爱自己的工作,才会专注于工作。销售人员只有热爱销售,才能全心全意为客户着想,否则客户提出的所有要求都会被当作麻烦。站在客户的角度思考问题,而不是把心思全放在金钱上,反倒更容易促成交易。

第四节
面对"硬骨头"，绝不退缩

一个人如果心怀一定要成功的信念，那么这信念会赋予他勇气和力量。

坚定的信念、坚韧不拔的意志能够帮助销售人员弥补自身实力的欠缺，创造出奇迹。销售行业有太多把不可能变为可能的案例。

1. 不轻言放弃

具有坚定的信念和坚韧不拔的意志的销售人员是不会轻言放弃的，客户也往往因欣赏销售人员身上这样的品质而愿意与其合作。

克里蒙·斯通是美国联合保险公司的董事长，也是美国的商业巨子之一，他正是凭借坚定的信念和坚韧不拔的意志获得了人们的赞赏。

斯通很小的时候，父亲就去世了，他的母亲靠替人缝衣服维持生活。为了补贴家用，斯通做了一名小报童。刚开始卖报时，斯通很害羞，不敢上前，连着三天，他都是在马路边上傻傻地站着，守着身边堆得比他还高的报纸，一份也卖不出去。

斯通想：如果再这样下去，妈妈辛苦挣来的钱全要砸在这堆报纸上了。这一天，斯通来到一家生意火爆的餐馆前，望着里面的食客他做了一个深呼吸，反复告诉自己"一定要把报纸卖给他们"，可他刚卖出去几份报纸就被老板赶了出来。斯通发现这里的客人很友好，报纸很好卖，于是他趁老板不备，又偷偷溜进去卖报纸。气恼的老板一脚把他踢了出去，斯通毫不介意，揉了揉屁股，揣上更多的报纸，又一次溜进餐馆。客人们被他的执着打动了，劝老板不要再撵他，并纷纷买下他的报纸。

这件事对斯通的触动很大，他意识到坚定的信念和坚韧不拔的意志是成功的基础，这样的品质也成为开启他事业大门的一把钥匙。每当他被困难绊住脚步时，都会想起这次经历，他会鼓励自己再坚持一下就会成功。

16 岁时，斯通开始尝试推销保险。20 岁时，他创办了一家只有他一个人的保险经纪社。26 岁时，他已经成为一名百万富翁。他总结自己成功的秘诀就是"拥有坚定的信念和坚韧不拔的意志"。

在销售行业中，能达成最多的交易、赢得最多的客户、销售最多的商品的，永远是那些像斯通一样能忍耐、不气馁的销售人员。坚定的信念和坚韧不拔的意志赋予他们魅力，使客户感觉难违其意、难却其情，最终选择与他们合作。销售人员要做的就是努力让自己成为这样的人。

2. 做销售，就要对自己狠一点

对销售人员来说，最容易的事就是放弃，放弃一单、放弃一个客户，甚至离开这个行业都非常简单，然而一旦放弃或离开，以前所有的努力就会付之东流。反观那些坐在销售金字塔顶端的人，永远相信自己没有完不成的任务，究其原因，就是他们对自己要求严苛，不允许自己懈怠或逃避困难。

对待工作严谨、认真，是现在很多人缺失的一种品质。近年来，很多人提倡"对自己好一点"，这样的口号其实误导了他们。他们对此的践行方式是少付出一点，偷奸耍滑，却还妄想收获很大。

在销售工作中，好高骛远、眼高手低是大忌。如果你想成为金牌销售，就要对自己严格要求，踏实付出，把自己原来认为不可能完成的工作想尽办法完成。脚踏实地才是成功之道。

第五节
勇敢亮剑，虽败犹荣

古时候的剑客们狭路相逢，无论对手多么强大，都要亮出自己的宝剑，勇敢迎战。即使倒在对手的剑下，也是一件光荣的事情。亮剑精神，因此得名。

商场和战场的谋略、思想有着天然的互通性。销售人员同样需要亮剑精神。商场风云变幻，机会稍纵即逝。无论面对何种困境，销售人员都要敢于出手、善于出手。

很多销售人员之所以业绩不好，有很大一部分原因是犹豫不决，以至于错失了成交的最佳时机。销售人员需要果敢的品质，要大胆跟单，即使不成功，也收获了经验。客户的购买热情需要销售人员去点燃，购买决定需要销售人员去刺激。犹豫、猜测是挡在销售人员面前的"拦路虎"，只有奋力打败它才能继续前行。

销售人员的亮剑精神还体现在勇于担当上。销售工作充满挑战，有时公司分配给销售人员的任务会让他们感觉压力极大。这时，如果销售人员畏缩不前，就很难完成任务，甚至还会面临淘汰。所以销售人员只有直面压力，奋勇前行，才能看见希望。

很多公司的领导都愿意把成长机会留给勇于担当的销售人员。如果你总是觉得担子太重，每次重任面前都临阵退缩，那么你很难成长、进步。每一位销售总监、销售经理都是从底层销售人员一级一级升上来的，他们都是从最初的能力不足，一点点积累经验，才到后来的游刃有余。所以不要担心自己完成不了当下的任务，勇于担当才能激发出无限潜能，弃甲而逃只能满盘皆输。

小关是一个饲料销售人员，每年冬季是饲料出货最慢的时候，也是他们公司仓库压力最大的时候。为了减少库存、缩减支出，2018 年冬季，公司决定加大销售任务。往年这个季节最多销售 1000 吨饲料，这一年公司规定冬季的销售量要达到 1500 吨。

大区经理把任务分配到个人，完成任务的有重奖，完不成任务的扣奖金。大家因为此事怨声载道，小关却什么都没说，只是埋头苦干。他每天早上六点就出门，一家一家地与经销商沟通。有的时候，两家经销商之间的距离较远，他常常顾不上吃饭。功夫不负有心人，小关不但自己超额完成任务，还帮着几个销售新手一起完成了任务。

年后，公司进行业务调整，小关被提拔为部门经理。

面对销售中的种种困难，以及工作中的压力，小关敢于亮剑，从未抱怨。他踏实肯干，勇于担当，最终才能超额完成任务，获得职位提升。

"狭路相逢勇者胜"，要想在销售行业博出未来，就需要有直面压力、敢于担当的勇气。

第六节
没有"拼命"精神，怎么干销售

　　李嘉诚曾经深有感触地说："我一生中最好的经商锻炼就是做推销员。我从中学会不少东西，也磨炼了很多可贵的品质，这是我今天用 10 亿元也买不来的。"从事销售工作，注定是一段不同寻常的经历。选择成为销售人员，就要努力、坚持、有"拼命"精神。

　　每一位成功人士的背后，都有一部拼命奋斗的血泪史。冰心在《成功的花》中写道："成功的花，人们只惊羡她现时的明艳！然而当初她的芽儿，浸透了奋斗的泪泉，洒遍了牺牲的血雨。"没有人能随随便便成功，了解任何一位成功的销售人员的成长历程，你都能看到光鲜背后不为人知的艰辛。

严立从事的是传统货运行业的销售工作，经过十几年的打拼，他已经成为公司的销售一把手。但是，当上领导的严立从来不认为自己应该坐在办公室里听下属汇报工作，或者给他们开会布置任务，而是应该始终跑在销售的最前线。他白天领着团队跑市场、找货源，晚上复盘服务上不到位的地方，每天忙得不可开交。

有一年年底，严立带着车间销售小组在某市进行调研，了解到当地一家公司在当地的新工业园区建的化工厂即将投产，具有很大的运输需求。当时，很多同行都盯上了这个大客户，有些公司比严立所在公司的规模要大很多。面对激烈的竞争，严立决定拼一把，上门开展营销。这家化工厂距离严立所在的公司有150多公里，他开了两个多小时到达化工厂之后被拒之门外，连客户工厂的大门都没能进去。

严立没有气馁，之后的20多天，他一遍又一遍地给客户公司的负责人打电话，先后10次上门拜访，不厌其烦地介绍自己公司的货运优势，主动为客户策划运输路线，与客户深度交流，还提出了各种可提供的服务内容。

精诚所至，金石为开。最终，严立把全年运送 50 万吨货物的订单揽入怀中。

转年初，严立又花了 1 个多月的时间深入 30 多家企业了解客户的货运需求，从产品、货运量等方面给这些企业建档立卡，最终成功赢得 5 家新客户的青睐，签下 15 万吨货物运送的订单。

凭借敢打敢拼的精神，严立带领的销售团队每一年都会超额完成任务。

很多销售人员的痛苦在于既想获得成功，又不想付出努力。天气太热、天气太冷都不想出门拜访客户，天真地认为别人的成功都是因为走运，自己之所以还没有成功是因为运气不好，早晚有一天"天上掉的馅饼"也会砸到自己头上。

乔·吉拉德成功以后到世界各地去演讲，宣传他的销售成功学。他说："销售其实很简单，为什么大家做不到？就是因为你们的脸上写满了懒惰。"每个人都有惰性，就像洗衣服，你明知道有一堆衣服等着你去洗，可因为懒惰，总是一拖再拖，结果脏衣服越堆越多。人有惰性，还总是试图寻找捷径，但是销售没有捷径。要想做出一点成绩，付出辛苦是在所难免的。

每个人都是有血有肉的凡人，都会有自己说不完、道不尽的困惑和艰辛。要想成为销售高手，就要向销售界的前辈原一平、乔·吉拉德、齐藤竹之助等人学习，他们的经历会为你注入能量和激情，让你建立信心、燃起斗志，拼命地在这条路上奔跑下去。

第二章

销售，
不打无准备之仗

销售工作需要坚韧不拔的意志和积极的态度，也需要时刻做好准备。正如一个优秀的士兵不会赤手空拳地上战场，一名合格的销售人员也不会盲目地拜访客户。他在拜访客户之前，一定做好了充分的准备，了解客户需求、熟悉自己的产品、思考合适的话术……这样才算是做好了上战场的准备。

第一节
准备到位，销售工作才能有好结果

古人云："工欲善其事，必先利其器。"无论做什么事情，要想确保最后的胜利，就要提前做好万全的准备，不打无准备之仗。

一位老猎人带着徒弟去打猎，徒弟的弹药包装得鼓鼓的，猎枪擦得锃亮。临行前老猎人对徒弟说："把子弹装进弹夹里。"徒弟却想等到了山上再装也不迟，于是便带着没有装子弹的枪上山了。

师徒二人的运气不错，刚到山上走了不远，就看见一只肥硕的兔子在打洞。徒弟赶紧准备装子弹，结果手忙脚乱之际弄出很大的声响，还没开枪，兔子就受到惊吓逃跑了。

两个人继续往前走，来到一片树林，鸟雀、野鸡常在这里出没，有时还能逮到狐狸。老猎人选了一块空旷的地方，张好了网子，伸手向徒弟要诱饵，准备引些鸟雀和野鸡进来。没想到徒弟出门时嫌那些诱饵太过累赘，把装诱饵的袋子丢在了家里。到最后，两个人只能败兴而归。

充分的准备是制胜的法宝。如果你没有耐心进行销售前的充分准备，那么销售多半会以失败告终。

其实大多数销售新人在刚开始从事这份工作的时候都站在同一条起跑线上，但是，一部分人由于没能做好工作前的准备处处碰壁，之后就对销售工作失去了热情。而另一部分人遭遇失败之后会重新进行思考，努力分析原因，这样能够助其冲破层层障碍，取得很大的成就。

小宋和小周是一家服装店新招聘的两名销售员，由于两个人都是新人，没有专业的销售知识，也不了解店内商品的具体情况，因此接待顾客时都有些吃力。一个月之后，两个人都没有什么业绩。

　　小宋很苦恼，她觉得自己明明一直在很努力地工作，可为什么就没有业绩呢？她渐渐消沉，顾客来了也不再认真接待，新到店的商品也不再积极了解，时间一长，老板非常不满，直接解雇了她。

　　与小宋相反，小周虽然也因第一个月没什么业绩而感到失落，但是她却没有因此自暴自弃，反而开始积极分析原因。她觉得自己的准备不够充分，在顾客面前不知该如何介绍商品。于是，在没有顾客到店的时候，小周便开始抓紧时间提升业务能力：对衣服的产地、颜色、面料、尺码等都进行全面的了解。

　　有一天，一位女顾客来到店里，希望买一条最新款式的裙子。小周凭借这段时间学习的知识和累积的经验，拿出了一条比较适合顾客的裙子。但是顾客对裙子腰间的丝带不太满意，觉得每次穿还得系，过于烦琐。小周说："这个丝带扎起来之后会让您的身材显得很好，而且丝带中间有一个卡扣，每次穿的时候把卡扣一扣就可以了，不用系，很方便，您可以试一试，看看效果。"顾客试了之后，果然觉得裙子很漂亮，卡扣的设计也很人性化。

在商议价格之后，这位顾客决定付款。这时，小周又趁热打铁地对顾客说："这条裙子您穿着真好看，现在我们还有一款搭配这条裙子的坎肩，等到天气冷了，和裙子配在一起穿正合适，我拿过来您试一试吧。"说着便把坎肩拿了过来，顾客穿上之后也觉得很好看。于是两件都付了钱，而且对小周说在新商品到店之后自己还会光顾。

从那之后，小周渐渐地对销售工作提起了兴趣，随时都在了解产品和产品对应的人群。半年之后，她成了这家店的店长，收入随之增加。

机会总是留给有准备的人。销售人员平时一定要下功夫苦练销售技能，积攒经验，熟悉产品，了解客户，这样才能提高成交率。

除了上文中讲到的柜台式销售，拜访式销售更需要销售人员做好准备。很多销售人员因为准备不足，经常像个无头苍蝇一样到处乱撞，不停地拜访客户，不停地被客户拒绝。这样不仅浪费时间，也会让客户觉得销售人员不专业，和销售人员见面没有多大价值，甚至连销售人员的电话都不愿意接。

　　小姜在刚刚进入销售行业的时候，主管对他进行培训，培训的第一条就是要学会做工作计划。首先，每一天拜访几家客户、拜访客户之余还需做哪些工作，这些事都要安排得当，这样就不会手忙脚乱，毫无条理；其次，要对自己和竞争对手的产品有深入的了解，这样在客户提问时才能更准确、更详细地回答。

　　但是小姜却没有认真学习，也没把主管说的话放在心上，他觉得自己能说会道，一定可以搞定客户。当主管分配给他一个客户之后，他丝毫没有做准备就去拜访了。见面之后，小姜开始向客户介绍产品，刚开始还信心满满，不停地向客户讲自己公司产品的优势，希望能说动客户。但没想到，客户听完之后，让小姜说出自己公司的产品比同行公司的产品好在哪里，还时不时地抛出几个行业术语。小姜回答不上来，一时间手足无措、无法应对。

接下来的几次拜访也都以同样的结果收场。

准备充分才不会临时乱了手脚，要想做到有效拜访，销售人员要做到以下三点。

1. 掌握客户基本情况

"巧妇难为无米之炊"，客户的基本资料就是销售人员手中的"米"。客户的基本资料主要包括客户个人信息和客户公司信息。

客户个人信息包括客户的姓名、年龄、地址、联系方式、个人爱好、家庭情况等；客户公司信息包括公司的规模、经营情况、服务区域、业务特点、经营理念、发展潜力、企业形象、交易条件、信用等级等。此外，销售人员还要了解该公司所处行业的发展趋势、该公司当前面临的挑战，以及其与竞争对手的情况。

整理客户的基本资料有助于销售人员充分了解客户，以制定合理的拜访计划、实现时间的合理利用。

2.　明确目标

目标明确，努力才更容易有收获。阿里巴巴之所以打造出了一支销售铁军，是因为它开发出了一套很好的销售管理方式：早启动、晚分享，中间抓陪访。除了要鼓舞大家的士气，"早启动"还有一个非常重要的目的——要让团队的每一位成员都清楚知悉一天的工作目标，如今天要拜访多少个客户、要实现几家签单、拜访要达到什么样的效果……然后让大家带着目标去工作，当天的目标当天就要完成。

在拜访之前，销售人员一定要明确拜访目标，拜访目标越清晰，销售人员就越清楚如何规划拜访内容。这样能够极大地提升工作效率，加快成交速度。

3.　整理拜访资料

拜访结束后，整理拜访资料也是非常重要的一项工作。销售人员每天都要接触很多客户，如果不对拜访客户的情况进行详细记录，久而久之，就很有可能将前面客户的信息遗忘，让之前的努力付之东流。此外，整理的过程也是一个很好的复盘过程，仔细分析拜访过程中有哪些不足之处，可以让销售人员积累更多的经验，为成功做铺垫。

　　销售前的准备对成交来说至关重要。销售人员若是不做充分准备就贸然拜访客户，就要承受失败的打击。销售工作的背后往往是默默付出，看不到的艰辛往往左右着能看到的结果。

第二节
预约成功，等于成交一半

销售人员做好充足的准备之后，就要进行下一步预约了。预约听起来简单，只是一个动作，但实际操作起来并不是件容易的事情。

场景一

"您好，张先生。我是××汽车公司的销售员小顾，您上周询问的车已经到店。您这周末有时间的话可以来店里试驾。"

"好的，我有时间会联系你的，再见！"

场景二

"您好，孟女士。我是××游泳馆的销售员小刘，暑假到了，请问您有计划让孩子来学习游泳吗？如果有兴趣，我们可以约个时间，我给您详细介绍一下相关的课程。"

"我不需要，谢谢。"

这样的场景相信很多销售人员都不陌生，在现实生活中想要和客户成功预约的确不太容易。下面我就给大家介绍几种提高预约成功率的小技巧。

1. 突出客户关心的价值

趋利避害是人的本能，对自己有价值的事情往往更能引起人的关注。所以在和客户预约时，销售人员可以用简洁的语言讲清楚你推销的产品或服务可以给客户带来哪些价值。这样可以让客户有耐心听你继续讲下去，从而提高预约成功率。比如，你可以直接说："我们这款产品的价格比其他厂家同类产品的价格便宜三成，购买数量多的话还可以加大优惠力度。"或者你可以这样说："我们公司研发的这种新设备可以帮助您提升 30% 的生产效率。"

这种方法可以直接将产品的突出优势展示给客户，容易让客户产生兴趣，从而达到成功预约的目的。

2. 约见关键决策人

关键决策人就是对交易起直接决定作用的人。销售人员要想提高预约成功率，可以通过一些渠道找到客户所在公司的关键决策人，如采购部经理、生产部负责人等，然后试着与他们预约见面时间。

3. 利用"登门槛效应"

"登门槛效应"也叫"得寸进尺效应"，简单来说就是一个人如果答应了他人提出的一个微不足道的请求，那么当他人提出其他请求时，他也很容易答应。所以销售人员在预约客户时，不妨先提出一些小请求，再进一步与客户建立关系。利用社会调研的方式接近客户就是比较不错的方法。

"登门槛"的目的是获得更多和客户交流的机会，并利用机会激发客户的兴趣，当客户表现出明显的兴趣并想要进一步了解时，预约就比较容易成功了。

4. 直接拜访

虽然我不提倡未预约便直接拜访，但是如果有一些重要的客户确实无法事先联系上，这时也可以考虑直接拜访。尤其是对销售新人来说，这种方法可以帮助他们积累更多的经验。不过，直接拜访有以下两点需要注意。

（1）说好开场白

直接拜访的开场白非常重要。销售人员要在第一时间表明身份，接下来的沟通要尽可能做到态度诚恳。

（2）学会适应客户

每个客户都有自己的特点，性格、语言风格等都各不相同，销售人员要学会及时适应这些特点，以提高成交的概率。

总之，要想做好预约工作，销售人员就要认真做好每一个细节，从实践中不断积累经验。无论预约是否成功，都要对成功或失败的原因加以分析，由此总结出一套可复制的方案以提高之后的预约成功率。

第三节
知己知彼，百战不殆

销售人员服务的客户千差万别，需求各不相同。如果你不了解客户，就无法提供适合客户的产品和服务；满足不了客户的需求，也就无法实现交易。正所谓"知己知彼，百战不殆"，销售人员在销售工作开展之前一定要广泛收集客户信息，深度挖掘客户需求。

1. 个体客户

个体客户购买的随机性比较大，消费偏感性。销售人员可以通过与客户沟通了解客户喜好、收集客户信息，从而判断客户需求，然后有针对性地介绍商品，促成交易。

销售人员：先生，您好，您有已经选好的车型吗？

顾客：还没有，我现在只是决定要买一辆手动挡的。

销售人员：是价格因素让您选择手动挡的车吗？

顾客：不是。

销售人员：那您是想要享受手动挡的车带给您的加速感和动力性能，对吗？

顾客：是的，我喜欢自驾游，手动挡的车比自动挡的车更能符合我的要求。

销售人员：真是太巧了，我有位客户也喜欢自驾游，经常跑一些山路，昨天刚从我这里提走一台手动挡的车，他要开着它去西藏。我认为它也特别适合您，因为这款车具备赛车的性能，后劲十足，跑盘山公路一点问题都没有。而且这款车性价比很高，绝对让您满意。我带您看一下，喜欢的话还可以试驾。

顾客看完车后决定试驾，销售人员在带顾客试驾的过程中不断地向顾客讲述这款车的各种优势，顾客十分满意，当场订车。

汽车销售人员每天要接待需求各不相同的顾客，有的顾客是为自己选择一个代步工具，销售人员就需着重介绍车的实用性；有的顾客注重车的外形和内饰，销售人员就要着重介绍车的设计感。根据顾客的要求有针对性地介绍，更容易达成交易。

在实际销售工作中，销售人员要了解的个体客户的基本信息包括以下方面。

- 个人基本情况，包括姓名、性别、年龄、籍贯、兴趣爱好、性格特征、休闲方式、职业及社会经历等。
- 家庭状况及社会关系。
- 经济状况。
- 需求情况。
- 决策权限。
- 存在的购买问题。

这些信息都会直接或间接地影响客户的需求，精准定位客户需求，才能有效提高成交率。

2.　群体客户

群体客户是指大大小小的企业、单位，销售人员对群体客户进行需求评估更为重要。一般来讲，这类客户消费偏理性，销售推进难度较大。销售人员可通过网络、行业内的朋友、登门拜访、企业新闻等多种渠道了解客户的信息和需求。

具体来讲，销售人员需要收集的群体客户的主要信息包括以下几方面。

（1）企业和性质

企业性质包括国有企业、私营企业、合资企业等，不同的企业性质有不同的采购流程和决策机制。

（2）企业规模、经营范围及发展计划

企业规模越大，决策链越复杂，需要收集的信息越全面。企业经营范围直接决定企业的需求方向。比如，贸易公司一般不会对工业设备有需求，食品公司不会涉及服饰类的采购。企业发展计划可以直接体现未来需求状况。

（3）产品需求状况

产品需求状况包括现有需求、潜在需求、需求产品规格、需求紧迫程度和需求量等。比如，销售人员了解到一家企业要更换一批设备，那么他首先要了解这家企业对新设备的要求，自己公司的产品是否符合这家企业的要求。只有产品符合要求，才有可能满足客户的需求。接下来，销售人员还要了解这家企业需要什么时候更换设备，需要更换多少设备等，了解了这些信息，销售人员才能和客户进行更加深入的合作。

（4）关键人物及其个人情况

群体客户中对购买事宜拥有决策权或者对购买决策有重大影响的人是关键人物。销售人员需要了解的关键人物的信息基本等同于需要了解的个体客户的信息。

对规模庞大的企业来说，是否购买往往不是一个人就能决定的，逐级上报、审批是采购工作的常见流程。所以群体客户中的关键人物往往不只一个。销售人员需要有足够的耐心，多查资料、多打电话、多做拜访，深入了解客户。

此外，销售人员在开展销售工作时，不仅要精准捕捉客户的需求，还要善于引导需求，让需求扩大，继而提供妥当的服务方案，切切实实地帮助客户解决问题。

第四节

销售之前，先了解产品

购物时，人们经常会遇到这样的情况：相似的商品有多个不同的品牌在售卖，而且每个品牌之间的价格有很大差异。如果人们想弄清楚，昂贵的商品到底贵在哪里或者价格低廉的商品为什么便宜，一定会选择对了解商品的销售人员进行询问。如果销售人员无法明确回答问题，那么显然很难达成交易。

一位女士在一家大型超市看到了一款新香皂，香皂上挂了一个造型可爱的卡通吊坠，小巧别致。她向销售人员询问这款香皂应该怎么使用，销售人员拿起香皂研究起来，然后不太确定地说："应该和普通香皂是一样的用法，而且应该更好用，因为回头客特别多。"

顾客听后摇了摇头，转身要走。另一位销售人员赶紧过来纠正："女士，是这样的，这款香皂不仅可以当作普通香皂来使用，还可以挂在浴室里的挂钩上，让香皂的香味慢慢挥发，这样整个浴室的香味就会久久不散，进入浴室的人身上也会持久留香。"顾客一边听一边不住地点头，然后拿起两块香皂放在了购物车里。

销售人员在服务客户之前，应该对产品进行充分了解，只有这样，才能赢得客户的信赖。假如一个销售人员销售的是这款新型香皂，那么他就不能只说这款香皂很好、回头客很多，还要讲明它好在哪里、有什么独特之处、回头客喜欢它的原因是什么。

在现实的销售工作中，很多业绩不好的销售人员都对产品不够了解，产品的优势、产品能给客户带来哪些价值，他们都不是很清楚。业绩好虽然有很多原因，但熟悉、了解产品肯定是比较重要的原因之一。

　　小钱做销售员的时候，公司每发布一款新品，他都会认真钻研，向客户介绍时总是对答如流。有一次，他去参加一位老师的销售培训课，没想到他和老师熟悉之后，竟然和培训老师谈起了生意。

　　"老师，我们公司新出了一款产品，非常适合您，您有兴趣了解一下吗？"说着他把资料递给了培训老师。

　　"你们这款新品有什么优势呢？"

　　"产品优势在资料第二页的中间部分，您可以先看一下，然后我再具体进行讲解。"

　　培训老师看完后，小钱不仅把资料上列出的产品三大优势一一进行了讲解，还加入了很多生动的实例。培训老师又问："哪些公司用过你们的新品了？大家反响如何？"

　　"我们服务过的公司名单在资料的最后一页，上面还有很多公司的推荐和好评，我们公司的好多新客户都是老客户介绍过来的。虽然有个别客户在使用过程中遇到了一些小小的麻烦，但我们的售后服务非常周到……"小钱把一些问题诚恳地向培训老师作了说明，顺便还讲解了自己公司的售后服务。

最后，小钱成功把培训老师转化成客户。

如果销售人员可以做到对公司的产品烂熟于心，即使不看资料也能脱口而出，而且能在介绍产品的过程中加入生动的实例，就比较容易获得客户的认可，达成交易。

那么，销售人员需要掌握哪些产品资料呢？

1. 产品构成

产品构成主要包括产品名称、物理特性（材料、质地、规格、颜色、包装等）、功能、型号、科技含量、产品所采用的技术等。在介绍产品构成时，销售人员要把自己和产品工程师区分开来，从产品能带给客户的价值方面来讲，而不是简单地列举产品特点。

2. 产品的价值取向

产品的价值取向，即产品能为客户创造的价值。一般包括以下因素。

（1）品牌

品牌是品质的保证，也是企业价值取向的传达，找到自己品牌价值和客户品牌价值的契合点，可以大大提高成交率。

（2）性价比

所有客户都在追求物美价廉的产品，产品性价比越高，越容易赢得客户的青睐。

（3）服务

服务是附加产品，服务包括整个销售过程中的服务和售后服务。

（4）产品优势

产品优势就是卖点，让客户全方面了解产品优势，可以提高成交率。

3. 产品的竞争差异

如果产品具有客户需要且其他产品不具备的某些特性，销售人员抓住这一产品优势向客户介绍就很容易打开销售局面。这就需要销售人员充分了解本公司产品和竞争对手的产品，分析本公司产品的竞争优势，因势利导地进行推销。人无我有，人有我优，才能在市场竞争中立于不败之地。

　　每个人都有自己的性格、好恶、价值观，产品和我们一样，也拥有专属于自己的特点，我们只有像了解自己一样了解产品，才能为产品找到合适的买家。

　　当然，了解产品不是一蹴而就的事情，它是一项长期的工作。销售人员要在不断的实践中更深入地了解产品，长期坚持以提高自己的专业性。

第五节
推销产品之前，先学会推销自己

前文中讲了很多销售人员需要提前做的准备，包括熟悉业务、了解产品等，其实在销售工作中，还有一件事非常重要，那就是把自己包装成一个让人乐于接纳的销售。很多销售人员以为自己推销的只是产品和服务，其实在推销这些之前，销售人员先要学会推销自己。

销售市场竞争激烈，销售人员更需要凭借良好的个人形象和影响力，在众多竞争对手中脱颖而出，让客户乐于听你的介绍。

南方某城市的夏天天气很闷热，一位销售人员走进一家商场的总经理办公室准备推销中央空调。这位销售人员上身穿着一件背心，下身穿着一件沙滩短裤，脚踩一双凉拖，嘴里含着一根冰棍，含糊不清地说："先生，您好，我是××电器公司的销售代表。"

这位总经理当时正在埋头整理文件，抬头瞭了他一眼之后严肃地说："年轻人，哪家公司你都代表不了，你如果真是××电器公司的，那么这公司的颜面也都让你的形象全毁了。"

显然，这位销售人员因为自己的形象招致客户的反感，导致他失去推销的机会。形象是销售人员的名片，如果你都不珍惜自己的名片，那么如何让他人重视你呢？

美国纽约销售联谊会曾经统计，超过70％的客户之所以从某位销售员那里购买产品，是基于对他的喜欢、信任和尊重。销售人员是产品和客户之间的中介，客户只有先接纳了销售人员，才会接受他所销售的产品。相反，如果客户喜欢销售人员推销的产品但不喜欢这个销售人员，他很可能不会购买产品，或者他会从他喜欢的销售人员那里购买。有经验的销售人员都明白这个道理——客户"购买"的是商品，以及销售商品的人。

形象是销售人员首先向客户展示的一面，客户会通过你的形象来了解你，对你形象的好恶会影响交易的成败。好的形象可以引起客户的注意，引发客户与你进一步接触的兴趣；不好的形象，会让客户认为你不专业、不靠谱，认为没有必要和你接触。

日本推销大师原一平在访问美国大都会保险公司时，一位领导曾问他："您认为访问客户之前最重要的工作是什么？"

原一平的回答让这位领导感到震惊："照镜子。"

"照镜子？"

"是的，你面对镜子与面对客户是一样的。照镜子时，你会看到自己的神情与姿态；面对客户时，你也会看到自己的神情与姿态。"

"这个说法倒是很新鲜，能具体讲一讲吗？"

"我把它称为'镜子原理'。当你站在镜子前面时，你能清楚地看到自己穿戴是否齐整，神情与姿态是否合适；当你站在客户面前时，客户也会像镜子一样把你的形象反馈给你，客户的拒绝与接受、轻视与

欣赏是对你自身形象的最真实反应。我们要通过客户
的反应检查自身的形象。所以每次出门之前，我都
会先在镜子前站上十分钟，检查着装，演练神情与
姿态。"

销售人员想要给客户留下好印象，要做到以下两点。

1.　要为好印象而"打扮"

心理学家发现，人们的主观认识经常受晕轮效应、恶
魔效应、首因效应的影响。

晕轮效应是指一个人的某种品质给人们留下了非常
好的印象，在这种印象的影响下，人们对这个人的其他品
质也会给予较高的评价。相反，恶魔效应是指一个人的某
种品质给人们留下了非常不好的印象，在这种印象的影响
下，人们对这个人的其他品质也会给予非常差的评价。比
如，一个销售人员衣冠楚楚、谈吐儒雅，客户就会认为他
这个人成熟稳重；一个销售人员衣冠不整、邋邋遢遢，客
户就会对他产生一种不好的印象，认为他这个人不够稳
妥、懒散马虎。

首因效应是指人们初次见面形成第一印象后，受心理定式的影响，第一印象会保持很长一段时间。良好的第一印象会在较长一段时间内对销售人员产生辅助作用，而不好的第一印象则会在很长一段时间内妨碍销售人员的工作进展，销售人员要在后期付出很大的努力才能改变客户对自己产生的不好的印象。比如，前文案例中推销中央空调的销售人员，当他穿戴整齐再次出现在那位经理面前时，那位经理对他会依然不会有太多好感，即使他诚恳地道歉，也很难消除他在经理心中形成的固有印象。

那么，怎么做才能给客户留下良好的第一印象呢？

（1）穿整洁得体的服装

整洁得体的着装是对客户最基本的尊重。着装不仅是一个人审美情趣的体现，还是一个人身份、气质、内在涵养的体现。不同场合，着装得体的人，总能给人留下好印象。着装得体，不是说一定要西装革履、名牌加身，而是无论穿什么，都整洁大方，给人一种专业、可信赖的感觉，这样的销售人员更容易赢得客户的信任。

（2）仪容仪表

销售人员每天上班之前都应该仔细检查自己的仪容仪

表：头发乱不乱、胡须剃干净了没有、指甲是不是需要修剪等。这些小细节销售人员都应足够重视。

（3）谈吐举止

优秀的销售人员举手投足之间都散发着个人魅力，他们落落大方、谈吐儒雅，说话有礼貌、有分寸。但有些销售人员和客户聊到高兴时常常忘乎所以、口无遮拦，这不但没有礼貌，而且有损自己的专业形象，是销售中的大忌。

（4）礼仪

礼仪能体现一个人的修养，销售人员不懂礼仪会在无形中破坏自身的形象。无论何时何地，销售人员都要以最恰当的方式来待人接物。

2. 要提升内在涵养

与客户交往的过程中，客户对销售人员的关注，从外表逐渐转向内在。对销售人员来说，外表得体像是敲门砖，让你有机会接触客户，而内在涵养就像一块磁铁，会牢牢吸引客户。

销售人员每天要面对形形色色的客户，其中不乏学识渊博者，如果你也学识不凡、谈吐不俗，就更容易获得他们的信任和欣赏。销售人员不妨在学识和眼界上多做一些投资，提升一下自己的软实力。

总之，销售人员一定要外重形象，内重涵养，先把自己精心打造成一个"精品"，这样才有可能赢得客户的信赖和好感，实现高效成交。

第三章

找到目标客户，
销售事半功倍

销售人员要想避免盲目销售，提高成交率，必须要从众多客户中正确筛选、确定关键客户，然后有的放矢地采取措施，促成交易。

第一节
"卖给谁"比"怎么卖"更重要

销售人员如果想高效成交，首先要确定好产品的目标人群，然后根据合适的人群制定相应的销售方案，即销售人员要先考虑"卖给谁"，再考虑"怎么卖"。从某种意义上讲，"卖给谁"比"怎么卖"更重要，因为如果找不准目标客户，付出再多的努力也很难有所收获。

小方是一家家电生产企业的负责人，企业生产的特色电压力锅煮饭的原理和农家煮饭的原理比较接近。为此，小方组织营销人员对该产品进行了大力宣传，主宣传语就是"可做农家饭的电压力锅"，但是效果非常不理想。

　　后来通过一系列的调查小方发现了问题所在，他们的客户主要是乡镇和县城的一些家电门店或小商场，也就是说，他们公司的客户大部分来自农村，基本随时可以吃到农家饭，那么"可做农家饭的电压力锅"自然无法引起他们的兴趣。

　　想明白了这个问题之后，小方立刻调整了策略，将"可做农家饭的电压力锅"拿到市级大型超市和家电商城进行推销，结果效果格外好，取得了空前的成功。

　　以上案例说明正确定位产品的目标人群是取得销售成功非常关键的一步。

　　许多销售人员，尤其是一些销售新人，刚开始工作时，四处寻找客户信息，疯狂打电话、约客户，结果把自己搞得身心疲惫却收效甚微。这就是盲目寻找客户造成的影响。事实上，只有找准客户，销售人员才能有效减少工作量，提高工作效率。那么，怎样才能迅速地找准客户呢？不妨试一试销售中的"MAN"法则。

　　M，Money，代表"金钱"；A，Authority，代表"决

定权"；N，Need，代表"需求"。也就是说同时具备购买力、购买决定权和购买需求的客户才是销售人员真正要找的目标客户。销售人员要全盘考虑这三个关键因素，避免盲目寻找客户。

1.　看客户是否具有购买力

购买力是评判一个客户能否最终成交的重要条件。如果客户没有相应的购买力，所有的推销都是无用功。那么，如何判断客户的购买力呢？

（1）根据个人实际情况判断

一般来说，一名合格的销售人员可结合客户的身份、地位、职业，以及穿着打扮、言谈举止大致判断出该客户是否具有购买产品的能力。

（2）依据客户的支付计划判断

客户的支付计划是指该客户是一次性付清款项还是打算分期付款。销售人员可依此进行一个基本判断。

2.　看客户是否具有购买决定权

找到具有购买决定权的人是销售成功的关键。有的时候，销售人员花了很多精力进行推销，但到最后发现客户根本没有购买决定权，这无疑浪费了自己的精力和时间。

3. 看客户是否具有购买需求

除了购买能力和购买决定权，购买需求是销售人员要考虑的重中之重。如果客户没有购买需求，那么推销则完全没有必要。

具体来说，可以通过以下三种方式判断客户是否具有购买需求。

（1）观察法

在选择目标客户时一定要注意留心观察。如果你推销的是汽车净化器，就要重点寻找那些有车的客户。

（2）调查法

销售人员可以通过市场调查了解该产品普遍用户的群体特征，从而更加直接、迅速地锁定目标客户。

（3）询问法

销售人员可以通过询问、沟通了解客户对产品的需求程度，一般来说，有强烈需求的客户会表现出对该产品性能、价格、材料、优势等各个方面的关心。

销售人员利用"MAN"法则可以简单地将客户划分为以下四种类型。

A类客户：有购买力、购买决定权和购买需求。这是销售人员最需要寻找的目标客户。

B类客户：有购买力和购买决定权，但无购买需求。这类客户需要销售人员利用自身的能力进行开发，有可能达成交易。

C类客户：有购买力、无购买决定权、有购买需求；有购买力、无购买决定权、无购买需求；无购买力、无购买决定、有购买需求。这类客户开发价值不大，但销售人员可以将其作为潜在客户。

D类客户：无购买力、无购买决定权、无购买需求。这类客户基本没有开发的价值，一般不是销售人员考虑推销的对象。

销售是一门学问，需要广大销售人员不断摸索。一名合格的销售人员，首先应该学会通过各个渠道锁定目标客户，然后制定精准的销售方案，高效完成销售任务！

第二节
挖掘老客户这座"宝藏"

对很多销售人员来说，每天必做的工作就是开发新客户，然后预约进行拜访。这并没有错，但很多销售人员忽略了另外一个群体，那就是老客户。要知道，开发一个新客户的成本要远远高于维护一个老客户。毫不夸张地说，老客户可以称得上是一座宝藏。所以，销售人员在开发新客户的同时，更要做好老客户的维护工作。

做好老客户的维护工作，可以让你轻松获得业绩增长。为什么这么说呢？因为老客户可以为你转介绍。

乔·吉拉德非常推崇"250客户定律"，即每一个客户背后都潜藏着至少250名客户。这说明老客户的推荐或转介绍是让成交率提高的方式之一。充分利用老客户的资源，使"存量"变为"增量"，是有一些技巧的。

1. 挑选合适的老客户进行开发

老客户虽然值得挖掘，但也要进行一定的筛选。比如，最好挑选近半年内成交的客户，因为成交时间在半年内的客户，大多对你还有印象，联系起来比较方便，胜算也比较大。

当然，对成交时间在半年内的客户也要进行筛选。比如，可以选择对产品或你的服务特别满意的，或者愿意向别人推荐你或你的产品的客户。另外，那些虽然未能与其达成交易，但相处得比较融洽的客户，也可以考虑。

2. 用超出预期的服务打动老客户

打动客户其实并不难，有时候一些小举动或福利就能够打动客户。比如，每年挑出一个月的时间来做"老客户回馈月"活动，这样既可以增加客户黏性，也能为再次成交或转介绍打下基础。又如，关注客户、客户家人的生日以及客户的一些特殊纪念日，届时发送一些祝福信息并及时送上一些小礼品，都能表现对客户的关注。

3. 答谢老客户

当老客户为你推荐新客户之后，无论成交与否，都要对老客户表示答谢，让老客户获得心理上的愉悦。这样不仅在你和老客户之间建立了一种信息反馈机制和互动机制，还为下一次转介绍打下了基础。

第三节
与成交有关的重要人物

小史是一个教育培训顾问，她所在的公司为了更好地赢得客户，提出了一个和高校展开合作的方案，目的是说服高校开设一系列实战培训课程。

小史接到任务后，立刻来到一所高等职业院校，与经济管理系刘主任取得了联系，并结合学校实际情况，提出了一套可行性较高的方案。刘主任表示非常认可，却委婉地表示有关经费等具体事宜还要和校领导进行商讨。于是，小史就立刻想办法和该院院长取得了直接联系，经过一番努力，直接说服了院长同意该方案。

1. 关键决策人

关键决策人在前文中已经提到过，就是对交易起直接决定作用的人，即最终"拍板人"。其在销售中的地位，就相当于象棋中的"帅"。如果你吃不掉对方的"帅"，那么吃掉对方再多的棋子，也不能取得棋局的最后胜利。

所以，优秀的销售人员要学会准确地识别客户中的"帅"，这样才能有效地避免浪费时间和精力。

小柯是一家汽车销售公司的销售经理。有一次，他通过一些内部消息得知本地一家租车公司计划购买50辆汽车。这可是一个绝佳的销售机会，小柯自然不想错过。他想方设法通过朋友认识了这家公司的总经理助理，并得知这家公司有意在本地几家大型汽车销售公司中进行筛选，这对小柯来说无疑是一个好消息。

随后，小柯又对客户公司进行了一些调查，他了解到客户公司对自己所在公司的印象还不错。随即他便去拜访了这家公司的采购经理，但是报价后对方表示价格有些超出预算，合作有阻碍。

回到公司后，小柯向单位负责人进行了汇报，并和销售团队的几位主管开会，让大家共同想办法。这时，一位销售主管对小柯提议，既然小柯认识这家公司的总经理助理，为什么不让这位助理把小柯介绍给他们公司的总经理呢？这样可以直接联系上客户公司的总经理，如果在价格上再进行适当程度的让步，胜算一定很大。

小柯觉得这个办法非常好，立刻联系了客户公司的总经理助理。经过总经理助理的介绍，小柯第二次去拜访时，直接见到了对方公司的总经理，经过一番沟通，成功签下订单。

搞定"拍板人"是取得交易成功最直接的方式。如果销售人员可以让关键决策人对产品认可，自然就容易实现成交。

2. 具有实际使用权的人

具有实际使用权的人，即产品的实际使用者。实际使用者可以站在使用的角度对产品做出具体的评价。如果产品得到了他们的认可，销售工作无疑会进行得更顺利。

实际使用者往往关心的是产品操作是否简便、质量是否过关、售后服务怎么样等问题，因此，销售人员在推销时就要从这些方面为他们进行介绍。

　　小薛是一个儿童玩具的销售员，有一次在推销产品时他对一个孩子说："小朋友，你看这个飞机是不是很漂亮？它既可以在地上跑，又可以在天上飞。""是吗？叔叔，它怎么玩啊？""这个简单，把这个按钮向前推它就可以飞了，向后推它就会在地上跑，按钮在中间它就静止了。小朋友，让你妈妈给你买一个吧。"于是，孩子对妈妈说："妈妈，这个玩具真的很好玩，您能不能给我买一个呀？"在孩子的恳求下，妈妈同意了。

在这个案例中，孩子就是具有实际使用权的人，是最终使用产品的人。产品得到了他的认可，成交才更容易。

3. 具有产品审核权的人

具有产品审核权的人，就是那些掌握一定的标准对产品进行评定的人。他们的标准往往苛刻，所以他们常常是销售人员最不愿意直接面对的人。虽然他们不是关键决策人，但是他们能影响关键决策。

很多销售新人在刚从事销售工作时，都浪费了很多时间和精力在无关紧要的人身上。随着经验的积累，他们渐渐能识别谁是与成交有关的重要人物。这种能力对他们业绩的增长至关重要。

第四节
成交的两大法则

1. AIDA 法则

"AIDA"是英文单词"Attention"（注意）、"Interest"（兴趣）、"Desire"（欲望）、"Action"（行动）的首字母组合。

（1）注意：引起客户注意

能否引起客户的注意往往就在分秒之间。销售人员可以利用一些动态的、颜色鲜艳的元素来布置柜台和店面，也可通过一些大标题或大图片吸引客户注意。

（2）兴趣：让客户产生兴趣

很多客户都会对一些较为新奇的产品、服务、优惠表示一定的兴趣，销售人员应该善于引导客户产生兴趣，从而刺激购买。

（3）欲望：激发客户的购买欲望

引起客户的兴趣之后，销售人员接下来要做的就是向客户介绍产品或服务能够为其创造的价值，激发客户的购买欲望。

（4）行动：促成客户的购买行动

销售人员可以通过强化客户兴趣和购买欲望的方式促成交易。

AIDA 法则的四个阶段相互联系，一个合格的销售人员要先想方设法引起客户注意，再引导客户对产品、服务、优惠产生兴趣，激发客户的购买欲望，从而促成交易。整个过程看似简单，实际上每个阶段都需要销售人员充分发挥销售能力。

2. FABE 法则

"FABE"是英文单词"Features"（特征）、"Advantages"（优势）、"Benefits"（利益）、"Evidence"（证据）的首字母组合，它代表了客户在购物过程中最为关心的四个问题。

（1）特征

特征是指产品的具体特点，包括工艺、材料、成分等。产品的特征通常是有形的，可以让客户看到、摸到、感受到。销售人员通过对产品特征的介绍，可以很好地解决客户关于产品"是什么"的疑问。

（2）优势

介绍完产品的特征之后，客户会对产品有一个初步认识。接下来，销售人员要做的就是强调产品的优势。与同类型的产品相比，你的产品的优势在哪里？有哪些独特的地方？

（3）益处

产品或服务能够为客户带来什么益处，这是客户最关心的问题之一，也是决定成交与否的关键问题之一。因此，在销售过程中，销售人员一定要坚持"一切以客户利益为中心"的原则，多多强调产品或服务能给客户带来的益处，以此激发客户的购买欲望。

（4）证据

最后，为了彻底打消客户疑虑，促使客户做出购买决定，销售人员可用权威性的证据向客户证明自己描述的都是事实，而非凭空捏造。证据可以是鉴定报告等相关证明文件，也可以是一些权威人士的真实的好评。

　　销售人员利用 FABE 法则可以在销售过程中完美地呈现产品的特点、优势、益处及口碑，向客户传递关于产品的有效信息，让客户全面了解产品，最终做出购买决定。

第五节
在未成交客户中挖掘"金矿"

每一个销售人员都曾遭遇过拒绝，所以每一个销售人员手里都有一张长长的"未成交客户"名单。对于拒绝过自己的客户，很多销售人员都不愿意再跟进，因为对他们来说，一次拒绝就等于断绝了之后合作的可能。

但事实并非如此，从某种程度上讲，未成交客户大多属于潜在客户。他们之所以拒绝购买产品，很多时候并不是因为不需要产品，而是产品的某项指标未能达到他们的标准和要求，或者销售人员的销售工作没有做到位。所以，对销售人员来说，未成交客户不应该只躺在名单里，而应该成为重点的销售对象。"在哪里跌倒，就在哪里爬起来"，绝不仅仅是一句鼓舞人心的话，还是一条非常好的销售准则。

如果销售人员能够从失败中总结经验再接再厉，那么未成交客户很可能会转变为成交客户。销售人员应该知道把握好已有的优质资源有时比开发新资源更容易促成交易。

小贺在一家大型超市做某品牌的厨房调味料促销员，超市里厨房调味料品牌复杂，同一区域工作的就有五六个其他大品牌的调味料促销员，但是小贺所服务的品牌产品却总是卖得非常好。

其实，在工作初期，小贺的销售成绩并不理想，她推销的产品的优势并不是很明显，价格不是最低，品牌知名度不是最高。于是，小贺开始特别留意那些没有当下决定购买的客户。

每当有客户表示只是随便看看并无意购买时，其他品牌的促销员就会选择离开招呼新的客人，而小贺却会始终站在客户身旁为其耐心讲解。她还会认真记录客户的关注点和联系方式，过节的时候她会给这些客户发一些问候语，每次产品有促销活动时她也会及时通知这些客户。

很快,小贺就有一些固定的客户,这些客户一直和她保持着联系,还会为她介绍自己的亲朋好友。

小贺的成功在于她足够重视那些未成交的客户。实际上,在销售中,大部分未成交客户是最有可能发展成为成交客户的人,但这需要销售人员进一步争取。

那么,销售人员该如何争取呢?

1. 努力找出未成交的真正原因

交易未能成功,必然有原因。有可能是因为客户对产品价格存在疑问,有可能是因为客户心中有更为理想的选择,有可能是因为客户目前只想观望,并不想购买。情况是一直在变化的,优秀的销售人员应该学会分析销售失败的原因,对症下药,一旦成交的障碍消失,那些未成交客户很有可能会转变为成交客户。

销售人员:女士,我明白您的意思,我们冰箱的价格相对是高一些,但高肯定有高的理由。我们在品质和售后服务上更有保障。

顾客：这倒是没错。

销售人员：咱们这么算一下，假设我们的冰箱售价5000元，您可以用五年，平均下来一年也就是1000元。如果您花2000元买了一个冰箱，用了一年就坏了，您看这样算来，哪个更实惠一点呢？

销售人员结合客户的具体情况，真心实意地为客户解决问题，就比较容易实现成交。如果客户不购买的原因是价格高，你却和他分析产品性能，那么，针对未成交客户的二次销售最终也极有可能以失败告终。所以，找出未成交的真正原因是再次发展客户的关键。

2. 保持热诚的服务态度

小罗在一家珠宝店做店员，对待每一位进店的顾客都十分热情。有一次，一个顾客进店之后表示自己只是随便看一下，并不打算购买，但小罗依然很热情。当天天气比较热，小罗为顾客倒了一杯水，并告诉顾客可以随意看，没有关系。顾客看了一会儿，问起了一枚戒指上镶嵌的是什么宝石，小罗立刻热情地为顾客讲解起来。她还顺带给顾客介绍了另外几款店里卖得比较好的戒指，告诉顾客哪些款式受年轻女士欢迎、哪些款式适合老人佩戴，顾客听了连连点头。

虽然当天顾客什么也没买，但是一周后她再次来到小罗所在的珠宝店，买了一枚戒指和一条项链。原来那天是顾客的母亲过生日，她想买一份生日礼物送给母亲，然后一下子就想起了小罗。

销售人员对未成交客户继续保持热忱的态度是非常重要的。如果在客户明确表示出拒绝的意思后，销售人员的态度立刻"晴转多云"，那么，客户的心情可想而知，自然也就不会有之后的成交了。

所以，销售人员要将眼光放长远一点，给这些潜在客户足够的尊重，让他们感受到你的真诚和贴心，从而认可你、认可你销售的东西，这样当其具有购买需求时，你和你的产品一定是他们的第一选择。

3. 努力争取和客户建立联系

为了方便下一次推销，明智的销售人员会想尽方法和客户建立联系。例如，销售人员可以对客户说："您可以货比三家，换我也会多比较比较再做决定。这样吧，您方便留个联系方式吗？店里来了新样式我可以直接通知您，要不咱们加个微信吧，平时也可以聊聊天，我觉得和您特别有缘分。"或者可以说："您暂时没有需要也没关系，什么时候有需要了可以直接联系我，我肯定会给您最优惠的价格。这是我的名片，咱们随时联系。"

想要赢得客户，就要比竞争对手付出更多。贴近客户，和客户建立联系，是取得客户信任非常重要的一步。如果销售人员不主动与客户建立联系，就难以获得有价值的信息，也减少了说服客户购买的机会。

第四章

沟通的成败决定销售的成败

从本质上说，销售过程就是沟通的过程。为客户讲解产品、报价，与客户商谈，都是与客户沟通。如果沟通的过程比较顺畅，对成交会有很大帮助。所以，可以毫不夸张地说，沟通的成败决定着销售的成败。怎么说，客户才会听？怎么听，客户才会说？你说的每一句话，你用心倾听的每一个动作，都可以为促成交易添砖加瓦。

第一节
用心交流，诚意最能打动人

　　很多销售人员都非常注重与客户的沟通，但是销售人员往往不知道在与客户的沟通过程中，技巧只起辅助作用，要想达成交易，最重要的是用心。

　　用心就是要赢得客户的信任，让客户放心，任何一次成功的销售都是建立在取得客户信任的基础上。对客户用心就是要对客户保持诚意，想客户所想，急客户所急，为客户真诚服务。当你全心全意地为客户考虑问题时，客户自然会对你产生信任感。

　　没有付出，就不会有回报。销售人员每一次真诚地为客户服务，客户一定能够感知到。

　　有一天，一位年轻的女顾客拿着一条裙子来到商场的客服部要求换货。原来，前一天她老公在这家商场给她买了一条裙子，但回去后她发现裙子尺码偏大，穿着不合适，所以她想换一条小一码的裙子。客服人员热情地接待了她，然后给服装部的同事打了电话，说明了情况，并让其拿来小一码的裙子来为这位顾客办理换货手续。服装部的销售人员回应道："好的，稍等一下，马上就来。"于是，客服人员就让顾客坐在沙发上稍等一下。

　　顾客很高兴地说："你们的服务真不错，想不到这么顺利就可以换了。"可是等了十几分钟还不见有人过来，顾客脸上的笑容慢慢消失了，客服人员再次打电话催促后，对顾客说："您再稍等一下，销售人员马上就来。"

　　就这样左等右等，顾客每次询问都被客服人员以"不好意思，她马上就过来"来敷衍。直到一小时后，才有一名销售人员手里拿着裙子姗姗来迟。她对顾客道歉道："实在是不好意思，让您久等了。"

　　可是此时的顾客已经没有了耐心，一肚子火气，她站起来说："一直说马上、马上，你自己看看这都多长时间了。不换了，我要退货。下次再也不来你们这里买东西了！"最终，顾客从换货改为退货，气冲冲地离开了。

在实际销售过程中，很多销售人员将真诚服务理解为态度好，认为态度好就是真诚。其实，真诚服务客户只有良好的态度是远远不够的，销售人员还要准确了解客户的需求，尽快满足客户的要求，以及在适当的时候给客户提出合理的建议，为客户争取最大利益，真正做到把客户当成亲人。像前文中的商场服务人员虽然一直对顾客抱以良好的态度，却一直没有为其解决实际问题，答应顾客马上就到却迟迟不见人来，自然不能让顾客满意。

有些销售人员喜欢将"客户是第一位的""一切以客户为准"放在嘴上，却从不考虑客户的真正需求，更不会主动为客户提供帮助。这样的诚意就是表面功夫，真正的诚意不是说出来的，而是做出来的，是能让客户实实在在感受到的。

那么，销售人员应该如何让客户感觉到自己的诚意呢？

1. 记住，交流要是用"心"的

销售人员必须坚持这样一种观点：我与客户是永远站在一起的，如果我不全心全意地为客户的利益着想，那么，我的存在对客户来说就没有任何意义，客户永远不会相信我，我也就永远得不到客户的青睐。

和客户沟通是一门很大的学问，需要一定的技巧，但在销售中销售人员的诚意往往更重要。如果销售人员能用心为客户着想，那么很多难题就会迎刃而解。销售人员要时刻注意和客户交谈时，不要隐瞒自己产品的缺点，要懂得用优点来弥补产品缺点带来的遗憾，介绍优点也要实事求是，不能夸大其词。

2. 一视同仁、真诚服务

客户不分大小，销售人员要一视同仁，不能势利眼。无论客户消费多少，只要客户遇到问题，销售人员就要拿出百分百的诚意来为客户解决问题。如果一个销售人员对消费少的客户的需求置若罔闻，对消费多的客户热情备至，那他很难和客户真心实意地沟通。

3. 帮助客户解决问题

销售人员要时刻注意的是，客户遇到的每一个难题都是你迫切需要解决的事情。有效帮助客户解决实际困难能更好地向客户展示你的诚意。第一时间为客户答疑解惑、正确处理客户遇到的难题，往往会在很大程度上提升客户对你的信任度，你将更容易得到客户的理解和支持。

4. 绝不欺瞒客户

千万不要因为贪恋眼前小利而做一些有损客户利益的事情，见利忘义是销售人员的大忌。要想和客户长久合作、维持双赢关系，就要真心为客户考虑，努力为客户争取最大利益。如果销售人员只为了眼前一点利益而不惜欺骗客户，就有可能失去客户对你的信任。

很多销售人员在销售过程中最害怕客户问到产品的缺点，一旦客户问到这些，他们往往会选择一语带过，努力隐瞒。事实上，这种行为是非常不明智的，真正优秀的销售人员不会因注重眼前利益而选择欺骗客户。

5. 对客户进行风险提示

销售人员需要和客户说明产品潜在的风险，切实保证客户的利益，让客户感受到自己的真诚：原来你也在关心我的安全，而不是只想着我的钱。懂得向客户坦陈关于产品的一切，并特别提醒客户注意产品可能出现的问题才是真正高明的销售技巧。

真诚服务永远没有终点。无论什么时候，销售人员要想赢得客户的信任，让客户真正放心，就要努力让客户感觉到自己最大的诚意！

第二节
尊重是与客户沟通的前提

销售人员与客户进行良好的沟通非常重要，而一切沟通的前提就是要表现出对客户的尊重。

但是在现实的销售场景中，一些销售人员认为自己是行业里的专家，总是以命令的口吻来推销产品。在他们看来，在客户面前表现出强势的一面，对成交是有促进作用的。这种想法是错误的，试想一下，有谁会愿意和一位颐指气使的销售人员签单呢？

试想一下，如果你是一位客户，到了最后要决定买或不买的时刻，下面哪一个销售人员的说法会让你同意购买呢？

甲销售人员：如果您没有其他问题了，我希望您可以考虑一下我们这款产品。

乙销售人员：如果您没有其他问题了，您应当迅速做决定。

丙销售人员：您还考虑什么呢？我们已经就所有问题都讨论过了。

丁销售人员：不要犹豫了，您最好现在就买！

我相信绝大多数人都会认可第一位销售人员的沟通方式。但在实际的销售过程中，很多销售人员都和乙、丙、丁三位销售人员说了一样的话。有的销售人员可能会解释说："当时太着急成交了。"有的销售人员会说："实在没忍住，这个客户已经咨询过无数次了，就是下不了决心。"有的销售人员会说："我的性格就是这样，简单直接挺好的。"

诚然，每个人都有控制不住自己情绪的时候，这也正常。销售人员在面对一些刁钻的客户，或者反反复复、犹豫不决的客户时，容易一时冲动。但是，既然你已经决定从事销售工作，控制住自己的情绪、尊重客户就是必备的职业素养。乔·吉拉德说过："我们的客户也是有血有肉的人，也是一样有感情的，他也有受到尊重的需要。"

尤其如今产品供大于求，对客户来说，可供选择的产品和服务非常多。互联网的快速发展，更是为消费者提供了便利。

如果销售人员在推销产品时，一心只想着如何提高销售额，连最起码的尊重客户都做不到，那么即使客户对你的产品感兴趣，恐怕还是会对你说一声："抱歉，我不需要！"

其实，要做到尊重客户并不难，销售人员只要在和客户交流沟通时，不犯以下忌讳就可以了。

1. 永远不要批评、贬低客户

喜欢被认同、被赞美，这是人的共性，即使修养很好的人听到批评的话语时心里也会不舒服。而很多销售人员为了迅速和客户拉近关系，常常会以一些批评言辞作为开场白："您今天的衣服颜色太深了，和你肤色不配、不如看看这件。""您这个发色一点也不适合您，我重新给您染一下吧。"尽管你的本意并不是批评、贬低，但是在客户听来，自然会生出不悦之感。

如果销售人员可以换一种沟通方式，效果也许就会完全不同。你可以说："您今天的衣服真漂亮，是在哪里买的呀？我们有一款新品，和您今天的衣服很配。""您的发色真有特点，新长出来的头发我可以帮您也染成这个颜色。"这时，客户往往会感到心情愉悦，就会和你展开讨论。在和客户进行沟通的过程中，销售人员即便真的认为客户有不妥之处也万万不可直接批评，因为这样除了招致客户的反感，根本起不到任何作用。多赞美，忌批评、贬低，这是销售人员与客户沟通的一大准则。

2.　永远不要质问客户

在现实生活中，每个人的想法都不同，因此，销售人员在遇到与自己想法不同的客户时，要以尊重、理解的态度去对待客户，不能以质问的语气和客户交谈。

"您凭什么说这个产品做得不好？""您有什么理由说我们的产品不如别家的呢？"用这种质问的语气和客户交谈，是销售人员不尊重客户的表现。客户有权对产品做出任何评价，销售人员要做的是想办法获得客户的认可，而不是直接质问客户。

3. 永远不要攻击对手

在市场竞争尤为激烈的今天，销售人员常常为了推销自己的产品而将对手的产品说得一文不值。因为竞争，同行间出现言语冲突甚至肢体冲突的事情也屡见不鲜。其实，这种贬低竞争对手，从而抬高自己的行为是非常不明智的。这样做不但会使客户反感，也会让客户质疑你的品性。

4. 永远不要夸大其词

实事求是是销售人员的基本职业道德。为吸引客户购买，夸大产品功能，本身就是一种欺骗行为。靠欺骗赢得的成交就像一枚"定时炸弹"，随时有可能"炸"得你体无完肤。谎言总有被揭穿的时候，一旦客户识破谎言，产生纠纷，后果将不堪设想。同时，你也会因欺骗而丧失信誉，没有口碑和信誉，被挤出市场也是早晚的事情。

5.　永远不要命令客户

客户是销售人员的服务对象，无论什么时候，销售人员都无权对客户指手画脚。销售人员在和客户交流的过程中应该做到微笑多一点、态度好一点，要采用征询、协商或者请教的语气和客户进行交流，切不可以命令的口吻与客户沟通。

6.　永远不要用专业术语来显示自己

每个行业都有自己的特殊性，很多销售人员在推销时喜欢用一些专业术语来显示自己很专业，希望客户因此认可自己。但是客户并不是业内同人，如果客户不能理解你说的专业术语，那么你的介绍就完全没有意义。如果你的介绍客户听都听不明白，又谈什么购买呢？因此，在销售过程中，学会用简单的话语对专业术语进行解释，让客户听得明明白白，才是有效的沟通方式。

7.　永远不要和客户争辩

销售人员是来向客户推销产品的，并不是来和客户进行辩论的，客户对产品有不同的见解是非常正常的现象。

和客户争辩，即使你占了上风，把客户反驳得哑口无言，结果却很可能是失去这个客户。

当客户提出不同意见时，销售人员首先要对客户的意见表示理解，你可以说："我非常理解您的想法。"然后发表自己的看法，语气一定要柔和，同时注意征询客户的意见，切不可和客户针锋相对。

8. 不要使用不雅之言

没有人喜欢和满嘴粗话的人交谈，在销售过程中，一些不雅之言，可能会给成交带来非常大的阻碍。

除了粗话，有的客户还不喜欢不吉利的词。例如，销售人员在推销保险时使用"大病""没命了"这类词语就会引起客户的反感。销售人员可以用"意外情况"等词来委婉地表达。

第三节
用问题引导客户，促成顺畅沟通

人有内向、外向之分，那么自然就有客户愿意和销售人员交流，深入探讨关于产品和服务的问题；自然也有客户不愿意与销售人员交流。

那么，销售人员面对不愿意交流的客户，是直接放弃还是另寻他法呢？答案显然是后者。或许有的销售人员会说："客户什么都不说，什么也不问，也不表态，我能怎么办呢？"其实有一个办法可以很好地解决这个问题，那就是"山不过来，你就过去"，销售工作需要的就是这种积极主动的精神。

比如，在实际销售过程中，如果客户只是简单问一些关于产品的基本问题，但涉及成交的关键问题却没有问，这就要求销售人员要学会揣摩客户心理，认真观察客户行为，从客户已经提出的问题或表现出来的行为来判断客户的性格和需求，尝试站在客户的角度回答客户没有提出的问题。

当然，回答客户没有提出的问题并不是要求你强行介绍产品卖点和特色，这会让客户感到很强的推销气息，极易让客户产生抵触情绪。要避免此类问题，销售人员可以用提问的方式引导客户说出自己的想法，然后根据客户所说的做出回应。具体来讲，销售人员该如何提问呢？

1. 肯定性诱导提问

有时候客户对销售不排斥，对产品也表现出一定的兴趣，但是常常咨询到一半时就没有下文了，或沉默不语，或转移注意力去做别的事情。为了避免这类情况出现，销售人员此时可以向客户提问。比如，"您是不是觉得我们的产品新上市，还没有经过市场的检验，也许没有那么受欢迎呢？"如果客户的确存在这一心理，他自然会顺着问题说出自己的想法。

此时，销售人员有针对性地选择一些能够证明产品受消费者认可和欢迎的证据，就能打消客户的顾虑。在这个过程中，销售人员还可以使用一些肯定性的语言，比如"您看，市场数据显示我们的产品很受欢迎，您不需要担心"等。

2. 拆分问题提问

拆分问题提问，对于那些觉得产品售价昂贵但又不好意思说嫌价格高的客户十分有效。

小康是一家知名品牌家具连锁店的销售员，公司对外销售的家具属高价产品，价格通常在万元以上，小康经常会遇到一些觉得价格高却不好意思说出来的顾客。

有一次，一位顾客到店里看家具，她看中了一套组合沙发，但在向小康询问价格后便沉默不语了。这时，小康猜出可能是沙发的价格超出了这位顾客的预算，于是小康走向前与这位顾客展开了下面的对话。

小康：您是不是觉得这套沙发的价格超出了您

的预算？

顾客：是的，我觉得稍微贵了些。

小康：那您觉得大概贵了多少呢？

顾客：2000元左右吧！

小康：这套沙发您买回去起码要用十年吧？

顾客：是的。

小康：咱们现在假设这套沙发贵了2000元，平均下来也就是您每年多花了200元，每个月也就多花了十几元。您每个月多花十几元就能买到这样一套大品牌的沙发，不仅自家人用起来很舒服，在客人面前也能彰显您的品位，您觉得值吗？"

顾客："是的，很值。你们可以送货上门吗？"

小康："当然可以了，女士。"

这样的提问方式，不仅引导客户说出了自己的想法，还实现了与客户的顺畅沟通。

第四节
通过问题，获取信息

销售人员可以借提问向客户介绍产品的卖点与优势，与客户实现顺畅沟通；也可以借提问了解客户的需求与信息，更有针对性地为客户推荐产品。那么，如何提问才能更精准地掌握客户需求与信息呢？

1. 开放式问题

开放式问题就是那些没有标准答案的问题。此类问题的答案既可以是一个词，也可以是一段话。通常，开放式问题不预设选项，在销售过程中，销售人员提出的开放式问题往往需要客户更主观地组织语言来回答。比如，销售人员可以提出以下开放式问题。

· 您是比较喜欢这款产品的哪些方面呢？

· 购买这类产品，您通常比较关注哪些要素？

· 您想在什么场合使用这款产品呢？

这类开放式问题能够让客户表达自己的见解，与销售人员轻松交谈。销售人员可以根据交流过程中的细节，大致判断出客户的兴趣、需求与消费观念。

销售人员在提出开放式问题时要注意以下几个方面。首先，问题不要过于复杂，以免客户不能完全理解你提问的意图；其次，问题不要偏离与销售有关的核心问题；再次，不要连续提问，否则很容易让客户产生排斥情绪；最后，涉及隐私的问题能不问则尽量不问，否则很可能让客户反感。

当问完开放式问题后，销售人员要总结和思考。总结客户表达的主要内容，思考客户的真正需求。

2. 封闭式问题

简单来说，封闭式问题是指销售人员在与客户交流的过程中提出的有预设答案的问题，客户的回答多半是受限制的。

当客户在几款产品前举棋不定时，销售人员就可以利用封闭式问题来帮助客户做决定。

- 刚才向您介绍的这几款产品，您还是最喜欢这款，是吗？
- 这件衣服我再给您搭配一条腰带，您再看一下，好吗？

一般来说，封闭式问题有以下几个特点：第一，简单直接，节省时间；第二，往往能够切中要点，让销售人员掌握更多有价值的信息；第三，销售人员能够掌握主动权，避免因出现太多不相干的信息或交流不顺畅而导致销售失败。

当然，凡事都有利弊。

开放式问题的缺点主要表现在两个方面：第一，问题太宽泛，时间成本高，信息量过大；第二，客户可能会觉得销售人员的问题没有现实意义，进而影响沟通质量和效果。封闭式问题同样也有缺点，主要表现在三个方面：第一，过于直接，选择余地太小；第二，问题过于简单，销售人员难以抓取丰富的细节性信息；第三，单纯的一问一答式，很难与客户建立友好关系，不利于再次销售。

这些缺点的存在要求销售人员在与客户的沟通过程中，不要单一、盲目地使用开放式问题或封闭式问题，而应根据实际情况随机应变，最好将开放式问题与封闭式问题相结合，这样既能够体现你的专业性，又有助于成交！

小汪是一家灯饰公司的销售员，有一位顾客想要给她正在上小学的儿子买一盏台灯，要求是台灯要健康护眼、价格实惠。下文是小汪和顾客之间的对话。

小汪：您好，欢迎光临，请问您想要购买哪种类型的灯？

顾客：我想买一款台灯。

小汪：请问是您自己使用还是给孩子买？

顾客：给孩子买。

小汪：那您对想买的台灯有什么要求吗？

顾客：要健康护眼，价格不能太高。

小汪：好的，您看看我们这款新到的护眼台灯怎么样？

顾客：有点贵。

小汪：这款台灯的价格确实稍高，但它的质量非常好。产品的质量和性能是最重要的，您说是吧？

顾客：那倒也是，可是你推荐的这款我不是特别喜欢。

小汪：是不喜欢它的造型还是它的颜色呢？

顾客：我不太喜欢这个颜色，给孩子用感觉有点压抑。

小汪：那您看看这款蓝色的，男孩女孩都可以用。

顾客：我还是觉得有点贵。

小汪：如果您对这款产品其他方面都比较满意，价格我们可以再议。

最后，顾客接受了小汪的报价，购买了这款护眼台灯。

　　整个销售过程虽然短暂，却体现了小汪作为一名销售人员所具备的专业销售技巧。在整个销售过程中，小汪使用封闭式问题和开放式问题相结合的提问方式，挖掘出了客户的购物需求等关键信息，最终促成了交易。

　　总之，在实际销售过程中，开放式问题与封闭式问题相结合的提问方式对成交来说至关重要。

第五节
传递客户需要的信息

　　在现实的销售场景中常常会出现这样的情况：销售人员向客户介绍了很多产品的相关信息，却始终无法打动客户、促成交易。这种情况出现的原因有很多，其中一部分原因是销售人员通常站在自己的立场或角度介绍产品，销售人员传递出来的信息都是客户不需要或者不感兴趣的。那么，销售人员在销售中最应该向客户传递哪些信息呢？

1. 核心价值

　　无论你销售的产品是实物产品还是虚拟产品，都应向客户介绍产品的核心价值。客户了解了产品的核心价值，才能判断产品能否满足自己的需求。如果销售人员不介绍产品的核心价值，而是罗列全部的产品信息，会让客户感觉找不到产品的关键信息。

在销售过程中，销售人员不要想当然地认为客户想要了解产品的全部信息，要学会站在客户的角度向客户传递他们最需要和感兴趣的信息。

2. 独特卖点

独特卖点，就是你推销的产品和服务要么是竞争对手没有的，要么是竞争对手有，但你的性价比更高的。正所谓"人无我有，人有我优"。

3. 赠品信息

有时候销售人员会认为产品足够好就行，是否给赠品无所谓，而事实证明，这种想法是错误的。赠品可以增强客户的购买欲望，提高成交率。

第六节
利用权威效应进行暗示和引导

在与顾客沟通的过程中，很多销售人员都会遇到类似的情况：尽管已经把产品介绍得很透彻了，但顾客仍然犹豫不决、举棋不定。

那么，这时销售人员就可以利用权威效应来帮助成交。所谓权威效应，是指人们通常认为权威人物是正确的，听从他们的建议不会出错。

在销售领域，权威效应的应用范围非常广泛，最常见的是许多商家在做广告宣传时，往往会不惜重金聘请知名人物为自己的产品做广告代言。

权威效应通常分为专家效应和明星效应。

1. 专家效应

业内权威人士或专家的想法与主张、他们对产品的正面评价等，销售人员都应该充分利用，以助力销售。

小尹是专门做儿童安全座椅销售工作的，在销售过程中，她遇到过形形色色的顾客。丰富的经验让她在与比较难缠的顾客进行沟通时，也能游刃有余。

有一次，一位顾客到店里来选购产品，从交流中小尹看出这位客户对她所推荐的产品始终持怀疑的态度，无法完全相信座椅的质量。

这时候，小尹灵机一动，向顾客提供了一份关于产品的市场调查报告，并给顾客展示了多位权威专家对这款产品的好评。最终顾客所有的疑虑都被消除了，顺利成交。

小尹的行为就是通过权威效应引导和暗示顾客——产品的质量是有保证的，可以放心购买。

2.　明星效应

明星效应是指人们因为崇拜某位明星，所以对其推荐或代言的产品或服务产生强烈的信任和认可。

如果你销售的产品刚好有某位明星代言，那么在向顾客介绍产品时，你就可以向顾客说明这一点，借助明星的光环来提高成交率。

第七节
利用亲身感受，促成交易

一般来说，每一个客户都想要买质量、性能等各方面都好的产品。但究竟怎样才算好，客户往往不能清晰地描述出来。

面对这样的客户，如果销售人员想顺利成交，就要通过试用产品的方式让客户亲身感受，消除客户的困惑，促成交易。

小邵是一位保健用品公司的销售人员，刚刚入职公司不久。有一天，一位长年腰疼的顾客前来咨询有没有对腰疼有缓解作用的商品。于是，小邵把一款可调节角度、可加热的健康腰垫推荐给这位顾客，并把产品的宣传海报一起交给顾客。顾客看了看宣传海报之后问小邵:"这款产品真的像宣传海报上说的那么好吗?""是的,很多顾客买过之后都说好用。""小伙子,你自己用过吗?"小邵说:"我没有用过,但您可以亲自试用一下,我们店里有试用款,使用起来也非常方便,我来帮您。"

顾客试用了十分钟,感觉非常不错,很快便付钱购买了一个。

由此可见,用户体验对购买决定来说是多么重要。那么,如何让客户获得良好的用户体验呢?

1. 引导客户体验、试用

如果销售人员想顺利成交,仅仅让客户看到产品的好处是远远不够的,还必须努力让客户亲身感受产品的好处。

引导客户体验、试用,就是为了让客户亲身感受产品,从中发现产品能够为其带来的好处和利益。

2. 强化体验效果

很多销售人员都遇到过这样的情况：客户也体验和试用产品了，但仍然没有成交。这是因为销售人员没有做到强化体验效果这一点。

优秀的服装销售人员面对试衣服的客户，总会一而再，再而三地强调衣服在客户身上所产生的好的效果。比如，"这件衣服真的非常衬您的肤色""这件衣服就像是为您量身定做的"等。这就是强化体验效果的方式，这么做可以让客户意识到产品的价值，心甘情愿地买单。

总而言之，只有当客户真正感受到产品的价值，并认可这就是自己心中的好产品时，他们才能真正放心地与销售人员成交！

第八节
销售谈判，进退有度

在销售领域，销售高手们往往都有一个共同特点，那就是擅长谈判。销售人员与客户的谈判，其实就是一场心理战，最终的目的是实现交易双方的互利互惠。因此，在谈判过程中，销售人员不能一味退让、妥协，要做到进退有道，让步有度。那么，销售人员该如何做才能在保障自身利益的前提下赢得客户的认同，推动交易顺利进行呢？

1. 让步要有条件

让步虽然可行，但切忌无条件退让。因为有时候无条件退让只会让客户变得更加有恃无恐，提出更多要求。

真正有效的谈判应该是双方相互妥协的结果，而不是一方一味地让步。因此，销售人员在进行谈判时，每次让步都应该适当向客户提出一定条件。比如，客户买衣服要求适当降价，那么销售人员可以用捆绑式销售的模式多创造业绩，提出一件衣服按原价售卖，两件衣服可以八折售卖。

2. 循序渐进

在销售过程中，销售人员无法避免让步，但可以通过谨慎把握让步的幅度争取更大的收益。很多时候，客户在谈判时想要的不仅仅是谈判所创造的直接利益，还有取得谈判胜利的满足感。销售人员不要为了省事便一步让到位，而应该循序渐进地让步。

3. 让步不要过早

在和客户沟通时，很多销售人员因为急于求成，所以，很快便会答应客户的要求。殊不知过早让步，很容易陷入被动局面。在销售过程中，销售人员常常会出现以下行为。

　　顾客：这套西装多少钱？

　　销售人员：1000 元。

　　顾客：有优惠吗？

　　销售人员：您诚心要的话，我给您打个 8 折，
800 元您拿走怎么样？

　　前文中的销售人员在面对顾客询价时直接做出让步，
这样做会让顾客觉得产品价值不高。

　　正确的做法是，销售人员应该适当强调一下产品的优
势。比如，销售人员可以对顾客说："这套西装是当季的
新款，质量高，款式新，而且购买后可以每年免费清洗三
次，所以价格已经很实惠了。您可以先试穿一下，看看效
果。"这样做不仅可以避免让步过早，还可以对产品进行
更全面的介绍。

4.　适当地亮出让步底线

　　让步是有底线的，销售人员可以含蓄地向客户表示自
己的让步底线。当然，这需要合适的时机和合适的口吻。

5. 适当让客户获得额外利益

额外利益包括赠品、售后服务等，客户只要能够在交易中得到更多的额外利益，往往不会在意额外利益的形式。因此，在谈判过程中，销售人员在不影响自身根本利益的前提下，可以考虑为客户提供一些额外利益。这样做能够让客户获得满足感，提高成交率。

销售谈判考验的是销售人员的销售技巧和耐心。如果你想成为一名优秀的销售人员，就要学会在谈判的过程中适时、适当且巧妙地让步。

第九节
金牌销售都是优秀的听众

对销售工作而言，沟通是达成交易的重要途径，但沟通并不仅仅包含说，还包含倾听。在销售大师们看来，80% 的成交是由耳朵完成的，而嘴巴只发挥了 20% 的作用。

一位客户走进售楼处，想买一套房子，销售员小孟接待了他。这个客户的女儿刚刚取得硕士学位，在一家知名的外企上班。在看房子的过程中，客户不断提到女儿的事情，和看房子比起来，他似乎更有兴趣讲述女儿带给他的骄傲。可是，小孟对此漠不关心，他总是试图把话题引到房子上，滔滔不绝地介绍房子的优势，不断试探客户能接受的价位。客户似乎越来越没有耐心，不停地看手表，四下张望，接到一个电话后便找借口离开了。

半个月之后，这位客户又来到了小孟所在的售楼处，这次他不是来看房子，而是来签约的。但他找的销售员却不是小孟，而是新来的销售员小黄。小孟是售楼处的老人，业绩一直不错，但他怎么也想不明白，新来的小黄怎么就能不声不响地从自己手中成功抢单。于是他来到这位客户面前，想一探究竟。

小孟面带微笑地问："先生，您好，您还记得我吗？"

客户皱了一下眉，想了想，说："哦，上次就是你带我看的房子，谢谢你。"

小孟说："您真是好记性！这次又来看房子吗？"

客户爽快地说："我已经订下房子了，黄小姐正在帮我办手续。"

小孟非常想弄清楚自己到底哪里出了问题，于是非常诚恳地说："先生，没能帮您选购合适的房子，我很抱歉。您能不能告诉我是我哪里做得不好吗？我希望自己成为一个更优秀的销售员。"

客户看小孟很有诚意的样子，思索了一下，说："小伙子，你很热情，经验很丰富，售楼知识也很专业，是个不错的销售员。我上次来之前对这个楼盘已经做过相关了解，那天来就是想订房子的，可你太急于表现自己的专业知识了，我插不进话，只能找个时机离开了。黄小姐就不一样，她总是很认真地听我讲话。"

这时候小黄手里拿着票据过来了，她略带尴尬地冲小孟微微一笑，坐在客户旁边的位置上，饶有兴趣地问客户："那您女儿后来是怎么处理下属之间的矛盾的？"

小孟眼睛一亮，似乎明白了什么。

小黄作为销售新人，缺少销售经验，也不懂什么业务技巧，但她的倾听让客户感受到了最基本的尊重。小孟虽是销售老人，却急于求成，忽视了销售环节中重要的一环——倾听。他对客户表达的内容漠不关心，只顾自己滔滔不绝，让客户感到无所适从，只能抽身离去。

销售人员应该知道，客户在购买过程中不仅关心产品，他们也需要得到尊重和重视。没有人愿意被忽视，无论是谁，说话的时候都希望有人在听。客户往往没有耐心听销售人员枯燥地介绍产品或服务，他们需要销售人员耐心而诚恳地听他们讲自己的需求、想法，然后有针对性地介绍或提供服务。

优秀的销售人员都善于从客户有意无意的言谈中捕捉有关需求、兴趣等一切有可能促成交易的相关信息，并在必要的时候为客户提供情绪价值。

那么，销售人员在销售过程中如何让耳朵帮助自己达成交易呢？

1. 先做好听众，然后再表达

倾听能够让客户感觉自己被尊重，优秀的销售人员都是很好的倾听者，他们会认真倾听，理解客户的需求、感受和想法，然后再试图表达自己，以及尝试销售。

2. 用耳朵获取情报

销售人员与客户沟通时，让客户说出自己的需求比喋喋不休地介绍产品要有效得多。相较于沉默寡言的客户，有强烈表达欲望的客户更容易让销售人员获取信息，客户的喜好、个性、家庭情况等都是非常有价值的信息。这些信息可以帮助销售人员更精准地为客户推荐产品，满足客户需求，促成交易。

3. 适当停顿，促成交易

销售人员在听客户讲完之后，不要急于回答，可以停上三五秒。销售人员的停顿会让客户感觉有人在认真思考他说的话，销售人员也的确需要认真思考客户想表达的意思，并让他认为自己很受重视，从而对销售人员产生好感。

在大多数情况下，销售人员都不够有耐心，为了签单喋喋不休，容不得片刻冷场。事实上，客户需要用停顿的时间梳理对话的内容，滔滔不绝很有可能会逼走客户。

第五章

正确面对客户异议

对销售人员而言，可怕的不是客户提出异议，而是客户没有异议。客户提出异议既是成交障碍，也是成交信号。所谓"褒贬是买主，喝彩是闲人"，正是这个道理。

第一节
消除价格异议，顺利成交

价格异议是指客户在选购商品时因商品价格过高而产生的异议。在实际销售过程中，价格异议是最常见的一种情况。销售人员常常会遇到讨价还价的客户，这给销售工作带来了许多障碍。

顾客：服务员，这条毛巾怎么卖？

销售人员：98 元一条。

顾客：太贵了，一条毛巾 98 元，贵得离谱了。

价格异议常常让销售工作陷入困局。因此，灵活应对客户的价格异议就成了每名销售人员必备的能力。那么，要解决价格异议问题，销售人员应该怎么做呢？

1.　挖掘客户讨价还价的心理动机

挖掘客户讨价还价的心理动机有利于销售人员在销售过程中灵活自如地应对客户在价格方面的异议。那么，客户讨价还价的心理动机到底有哪些呢？

第一，每个人都想利用自己有限的资源尽可能地获取更多的利益，客户自然也总是想用最少的钱买到自己认为好的东西。

第二，客户拿不准商品的价值，想通过讨价还价观察销售人员的态度，以进一步确定商品是否真正具有这个价值。

第三，客户享受讨价还价带来的成就感。

第四，客户对购买该产品有一定的预算，产品价格高于预算，客户不能接受过高的价格。

第五，老客户凭着过去砍价成功的经验，总想再压低价格。

第六，客户了解过相关产品信息，认为可以以更低的价格成交。

在实际销售过程中，销售人员如果能了解客户的心理动机并合理应对，往往能取得事半功倍的效果。

2. 合理应对客户的价格异议

（1）同类产品比较

当客户对产品产生价格异议时，销售人员可以用自己销售的产品与市场上的同类产品进行比较，让客户认识到这款产品的价格是与它的质量和性能成正比的。

（2）多谈价值，少谈价格

当客户产生价格异议时，销售人员应引导客户深刻理解产品价值，让客户认为物有所值。比如，销售人员可以着重介绍产品的独特卖点。

（3）彰显服务

销售人员在推销产品时可以重点强调自己产品在服务上的优势，以应对客户产生的价格异议。

顾客：你们这款空调与另外一家类似的产品相比，同样是2匹，性能也没什么区别，为什么贵200元呢？

销售人员：您观察得真仔细，我们这款空调的确比您说的那个品牌贵一些，但是我们品牌的所有产品保修期都是三年，免费上门维修，而您说的那个品牌的产品保修期只有一年。这样算下来，您多出 200 元延长 2 年保修期还是非常划算的。

顾客：有道理，行，那我就买它吧。

这名销售人员合理应用产品服务优势掩盖其价格比别家高一些的劣势，成功说服客户购买自己销售的产品，足以见得服务对客户购买决定的影响是非常巨大的。

（4）突出品牌优势

品牌，是实力的一种体现。很多客户是认可品牌质量、价格高的。所以销售人员在介绍产品时，可以顺便向客户介绍产品的品牌历史及文化，突出品牌优势。

一直以来，价格都是一个敏感话题。销售人员需要挖掘客户讨价还价的心理动机并合理应对，才能妥善解决各种价格异议问题。

第二节
三招轻松消除产品异议

产品异议通常是指客户对产品的使用价值、质量、式样、设计等方面存在的不同见解。这类异议的形成通常和客户的认知水平、购买习惯以及其他社会文化的影响有关。

要想解决客户对产品产生的异议，促成交易，销售人员应在充分了解产品的基础上，仔细分析客户提出异议的真实意图，判断客户是否真的对产品不满，还是隐藏着其他想法。很多时候，客户不会直接表明自己的意思，这就需要销售人员透过现象看本质，了解客户的真实想法。一般来说，客户明明表现得对产品非常喜欢，却仍旧向推销人员抱怨产品的不足，有可能是在表达以下三种意思。

1. 希望降价

很多客户都想花更少的钱买到自己心仪的东西。因此，很多客户抱怨产品并不是真的对产品有异议，而是希望借此指明产品并不值这么多钱，以达到降价购买的目的。

2. 担心产品效果

小卓在某短视频平台做推广工作，每天都要通过电话寻找客户，接触过形形色色的人。她经常和朋友抱怨说："其实很多客户都知道短视频平台很好，但还是会以各种理由来拒绝，最主要的原因就是害怕付了钱却达不到预期的宣传效果。"

客户担心投资后看不到效果是可以理解的，因此，即便他们非常心动，也会不断提出对产品的各种质疑。这时他们需要销售人员给予他们足够的信心，打消他们的顾虑，向他们证明这个产品的效果。

3. 对产品没有实际需求

很多客户抱怨产品就是给自己提供一个拒绝购买的理由。他们虽然对产品感兴趣，但对产品并没有真正的需求，因此不会选择购买。例如，刘女士看到一款化妆品非常喜欢，但她想到自己家里还有很多化妆品没有用完，她就会找一个理由不购买销售人员推销的产品。

客户提出的产品异议就像是一颗核桃，坚硬的外壳是一种伪装，壳里的核桃仁才是真正的原因。销售人员要想准确找到客户提出产品异议的真正原因，就要充分了解客户，然后运用专业的销售技巧，生动、详细地向客户介绍产品的价值，消除客户的异议。下面是三种常用的消除客户产品异议的方法。

（1）比较法

许多客户在选购时都喜欢进行多方比较，因此，销售人员可以直接采用现场比较的方法论证自己产品的优秀。比如，许多商家在开展促销活动时会拿着自己的产品和其他产品比较给客户看，凸显产品优劣。优秀的销售人员不会掩饰自己产品的缺点，而是会通过比较重点突出自己产品的优势。

（2）事例法

事例法，顾名思义，就是借助别人的案例来证明客户的担心是没有必要的，从而说服客户。比如，一个推销婴幼儿产品的销售人员可以对客户说："产品的质量您可以放心，隔壁超市的老板给他家孩子用的都是我们的产品。孩子快两岁了，一直都没换过，不信您可以过去打听一下。"事例法是非常行之有效的一种方法，说服力强，很容易打动客户，打消客户的顾虑。

小叶在一家家电城工作，负责某品牌洗衣机的销售工作。有一天，一位顾客指着一款洗衣机对小叶说："你们家这款洗衣机跟楼下 ×× 品牌的一款产品性能类似，价格也一样。但你家洗衣机的噪声好像比他家的大，而且颜色我也不太喜欢。"

小叶笑着说："是，您说的都没有错，我们的产品噪声确实比他家的大一些，但是噪声分贝也是在国家规定范围内的，不会对您和家人的身体造成影响。虽然我们的产品颜色没有他们家的全，但是这个颜色是百搭色，放在哪种装修风格的家里都比较适用。更重要的是，如果您今天购买，我们还有一个活动您可以参加，那就是买洗衣机赠送洗衣袋和洗衣液。这次赠送的量比较大，您可以综合考虑一下。"顾客听后点了点头，最终选择了在该店购买。

案例中的小叶不仅通过比较突出了自己产品颜色百搭、赠送礼品的优势，还以赠品的方式在价格方面做出了一定让步，让顾客认为产品性价比高，从而促成交易。

（3）体验法

销售人员话说百遍也不如客户亲自体验更有效果。比如，化妆品销售人员在推销化妆品时，可以为客户试妆，让客户看到自己使用后的效果。

销售本身就是一个需要不断沟通的过程，面对客户提出的产品异议，销售人员应该认真分析客户的真实想法，寻找合适的解决方案。

第三节
消除服务异议，实现销售转化

服务异议是指客户对购买产品附带承诺的售前、售中、售后服务的意见，包括对服务方式、服务延续时间等多方面的意见。

有一次，廖先生要去参加一个重要会议，准备去商场买一套新西装。他来到一家专柜，在里面转了一圈，看中了一套，想要试穿。专柜里的两个销售人员正在聊天，廖先生连说了几遍想要试穿才得到回应。其中一个销售人员心不在焉地询问了廖先生的码数之后，拿了一套西服递给了廖先生，然后转头又和同事开心地聊了起来。当时店里人很多，试衣间里几乎都有人，于是，廖先生便询问哪里可以试穿。

"哪里没人，你就在哪里试。"销售人员非常敷衍地回答。试穿后，廖先生觉得不是很满意，想要再试试另一套，却发现两名销售人员仍旧聊得火热，根本没人理睬他。他当即没有了试穿的打算，将自己的衣服换好后便离开了。

服务属于产品的一部分。在市场竞争日益激烈的今天，提高服务质量已经成了竞争成功的一种重要手段。因此，销售人员应该时刻注意保障服务质量，防止顾客产生服务异议，以维护企业的良好信誉。一旦顾客产生服务异议，销售人员应该正确面对，及时处理。一般来说，销售人员处理服务异议要遵循以下几个原则。

1. 倾听服务异议

嫌货才是买货人，顾客对服务存在异议恰恰是其想要购买的标志。销售人员在销售过程中一定要认真倾听顾客提出的服务异议，重视顾客诉求，及时改正不足之处，并耐心配合解决。

2. 避免和顾客争吵

有一天，某商场客服部收到一位顾客的投诉。原来，这位顾客拿着一周前买的一套西装来换货，但是西装的上衣上有两处明显的污渍，一看就是顾客已经穿过了。所以，专柜的销售人员以影响二次销售为理由，拒绝为其更换。

"这套西装是我花三千多元买的，我只穿了一个下午裤角就开线了，上衣的一个扣子也有松动。当初我买这套衣服就是因为相信你们是大品牌，质量好，结果却是这样。"顾客生气地说。

"穿了半天就这么脏，不太可能。上衣上的污渍很难清洗，我们根本没办法给您换货。"销售人员反驳道。

顾客听了这话更生气了，说道："我承认衣服是我不小心弄脏的，可是我买回去这几天一直没穿，昨天下午才开始穿，结果就出现了这么严重的质量问题，难道你们就不用负责吗？"

"谁知道你说的是不是实话，没准是你自己弄坏的却让我们负责。"

　　顾客当即大怒，双方发生了激烈的争吵。了解情况后，客服部主管立刻向顾客表示了歉意，并让该专柜的销售人员也向其郑重道歉，同时建议该顾客将衣服拿到商场服改处处理，并承诺为其提供免费洗衣服务三次。该顾客虽然接受了客服部主管的建议，但仍然对这个专柜的销售人员的态度非常失望，表示再也不会光顾了。

　　很明显，案例中销售人员对顾客提出的服务异议的处理方式并不妥当，并因此给其企业的信誉和形象造成了负面影响，直接导致了客户的流失。

　　每一名销售人员都应该知道，和顾客争吵是销售人员的大忌。销售人员应学会尊重顾客，以妥善的方式和顾客进行沟通。

3.　提供有效的解决方案

　　销售人员在服务过程中应切身考虑顾客的需求和利益，如果不能完全满足顾客提出的要求，也要与顾客友好

协商，找到合适的解决方法。前文案例中客服部主管虽不
能满足顾客换货的要求，但提出了让商场服改处帮顾客处
理衣服问题、承诺为顾客提供免费洗衣服务三次的解决方
法，安抚了顾客的情绪。

第六章

重视售后服务，达成长久合作

售前服务对成交来说至关重要，售后服务则影响着合作能否长久。良好的售后服务不仅可以帮助销售人员赢得更多的客户，也能帮助企业树立积极的品牌形象。

第一节
真正的销售在成交之后

乔·吉拉德曾说："我相信销售活动真正开始是在成交之后，而不是之前。"销售工作是一个连续的过程，销售人员应该为客户提供优质的售后服务，这样不仅能为自己赢得更多的回头客，也能帮企业树立良好形象。

小邢是某家电连锁商场的电视机销售员，她的销售成绩一直在同事中遥遥领先，公司每次评选客户最满意员工，她永远是第一名，每个月收到的表扬信也是最多的。其实，小邢并不是一个很健谈的人，她能取得现在的成绩，都是因为她时刻真诚为客户服务，特别是在售后阶段。

　　有一次，小邢接到一位客户的电话，客户是位上了年纪的老人。老人告诉小邢，她觉得她新买的电视机有问题，画面的颜色不对。小邢告诉老人，出现这种情况可以拨打售后服务电话，并把售后服务电话告诉了老人。

　　"可我只有你的名片，我就知道找你。钱是付给你的，你得负责到底。"老人很倔强地说。小邢并没有解释太多，而是主动替老人和售后人员取得了联系。维修人员上门后发现电视机并没有什么问题，只是老人对新产品接受能力较差，没有调适好电视机的亮度。小邢向维修人员了解了详细情况后也松了一口气。

　　谁知道第二天，小邢又接到了老人的电话。"你快点派人来看看吧，电视机真的有问题。"

　　这一次小邢选择亲自上门拜访。她到了老人家里，询问老人对产品有哪些不明白的地方，并详细为老人讲解了产品的具体使用方法。她告诉老人，如果再有问题可以随时和她联系。临走，她顺便拿走了老人放在门口没来得及扔的垃圾。

从那天之后，小邢每天都会给老人打一个电话，询问老人电视机是否有问题。小邢连续打了一个星期后，老人不好意思地说："闺女，电视机没有问题，我也知道怎么用了，不用总麻烦你打来电话了，你工作挺忙的。"

就在小邢都快忘了这件事的时候，一名中年男子来到商场给小邢送来了一封表扬信，且又订了两台电视机。原来，这名男子就是那位老人的儿子，他马上就要结婚了，新房正在装修，客厅和主卧都需要安装电视机。他说："我母亲对你赞不绝口，极力推荐我来找你购买电视机，她说她最相信你。"

案例中的小邢用她耐心、细致的服务赢得了客户的好评，同时又成交了两笔新订单，她的经历很好地诠释了优质的售后服务在销售过程中所起到的重要作用。

"成交之后仍要继续销售"是销售工作中的一个重要理念。良好的售后服务往往能提升客户对产品、品牌、销售人员的好感度，让客户产生信赖感。

销售人员想要做好售后工作，一般可注意以下几点。

1. 树立正确的售后服务观念

正确的售后服务观念是销售人员做好售后服务的前提，只有真正意识到售后服务的重要性，销售人员才能做好售后服务。在市场竞争尤为激烈的今天，售后服务已经成了影响成交的重要因素，也是赢得市场的关键。

2. 和客户保持联系

一名合格的销售人员往往会在成交后继续关心客户，时常和客户联系、互动。这样往往既能维系老客户，又能吸引新客户。

3. 正确对待客户提出的意见

销售人员在面对客户提出的意见时，要持正确的态度，不找借口，让客户看到自己的诚意。销售人员不应忽视每一条客户意见，很多时候，正确对待客户的意见可以带来很多新的商机。

4. 主动向客户提供售后服务

主动向客户提供售后服务的方式有很多，比如不定期进行客户回访，询问客户在使用产品的过程中遇到了哪些问题，并提供合理的解决方案。超出客户期望的服务往往更容易取得意料不到的效果。

售后服务作为销售过程中必不可少的一个环节，在提升客户好感度方面起着极为关键的作用。真诚、热情的售后服务更容易使销售人员获得客户的认可和信任。

第二节
成交前的承诺必须兑现

无论做人还是做事，诚信都是第一准则。同样，销售也需要以诚信作为保障。很多时候，销售人员为了促成交易，常常会给予客户一些承诺，如免费上门服务、保修三年、赠送一些礼品等。这些承诺能否兑现关系着客户对销售人员的印象，也对以后的交易产生影响。

"太气人了，我再也不去他家买东西了。"有一天，小江气愤地对朋友说。原来，两天前小江在一家电器商城购买了一台空调，销售人员承诺他当天就可以上门安装。小江痛快地交了钱，并再次和销售人员强调："今天一定要安上啊，明天我家里没有人。"

哪知，小江回家一直等到下午四点，对方还是没有派安装人员过来。于是，他主动打电话给销售人员，对方却告知他需要再和安装部确认一下时间。

"不好意思，今天下午的安装工作安装部已经排满了，最快也要明天才能给您安装。"销售人员不好意思地对小江说。

"付款前明明说得好好的，怎么钱一交就变样了呢？明天我家里没有人怎么办？"小江立刻产生了一种上当的感觉。

"真是不好意思，这几天天气炎热，正是空调安装的高峰时期，没有事先确认好安装时间是我工作的失误。"销售人员解释道。"这样吧，明天您家里没有人，后天我们一定给您安排安装。"

小江很无奈，只好同意了，但是心里始终觉得自己上当受骗了，对该销售人员、该企业都失望至极，所以才会对朋友发出抱怨。

案例中的销售人员在没有确认安装时间的情况下，轻易对小江做出了承诺，结果承诺却不能兑现，导致小江失望至极。销售人员做出承诺并不能仅仅为了成交，重要的是要对承诺和客户负责。

诚信是人与人交往的基础，也是企业安身立命的保障。如果销售人员为了一时利益而损害客户利益，是无法走得长远的。言出必践才是长久之道。

第三节
适时回访，创造更多商机

销售工作并不是在成交以后就结束了，适时回访往往会给销售人员带来更多的商机。

小徐：您好，请问是高阳先生吗？

高阳：是的，您是哪位？

小徐：我是 ×× 公司的小徐，两年前您曾经在我公司购买过一台 ×× 型号的大型切割机，您还记得吗？

高阳：嗯，记得。

小徐：我看这台切割机的保修期已经过去半年了，请问机器的使用情况怎么样呀？

高阳：使用过程中找你们修理过一次，修理后就没什么问题了。

小徐：那很好啊。我给您打电话就是想通知您一下，这个型号的切割机现在已经停止生产了，以后这个型号的切割机的配件就会比较昂贵，希望您在使用过程中多加注意。

高阳：看来以后出了问题维修还是挺麻烦的。

小徐：也不算麻烦，我们还是可以上门维修，就是更换配件要收取一定的费用了。

高阳：好的。对了，现在买台普通配置的切割机要多少钱？我们公司最近准备淘汰一批老设备，整体换新。"

小徐：这要看您具体选购哪个型号了。不过现在的设备配置普遍比您之前买的那款高很多，价格却还要低些。而且我们公司年底回馈老客户，还会有一些优惠。

高阳：什么优惠？

小徐：可以免费延长半年保修期；如果购买数量超过 10 台，打 8 折。

高阳：我们公司这次大约需要 20 台吧。

小徐：那您什么时候有空，我可以带着产品样图去您公司给您详细地介绍。我看您公司离我们公司还挺远的，就不麻烦您来回折腾了。

高阳：我今天下午两点以后就有时间，你今天下午就带着样图直接来我公司吧。

小徐：好的，那咱们下午见。

下午两点，小徐准时来到客户公司和高阳进行面谈，最终顺利签下 20 台切割机设备的订单。

小徐在回访前先通过资料了解到客户高阳购买的产品已停产并过了保修期，然后通过电话对其进行回访。针对高阳再购进设备的需求，他进一步强调公司对老客户有优惠，继而提出上门拜访，最终拿下新的订单。整个过程看似没有什么技术含量，实则环环相扣。那么，对销售人员来讲，怎样才能像小徐一样进行客户回访呢？

1. 对客户进行详细划分

在进行客户回访之前，销售人员需要将客户进行分类，针对不同类型的客户制定不同的回访方案。划分客户有很多方法，通常来说，销售人员可以根据客户的属性对客户进行划分，包括客户的社会属性、行为属性和价值属性。

2.　详细了解要回访的客户

在进行客户回访前，销售人员要根据资料掌握回访客户的一些基本信息，包括其地址、兴趣爱好、企业经营情况等；还要预设客户可能会提出的问题，想好要怎样进行解答。

3.　确定合适的客户回访方式

进行客户回访的方式有很多，最为常见的有电话回访、上门拜访、信件回访等。销售人员可以根据客户的不同情况选择不同的回访方式。

4.　抓住客户回访的机会

在对客户进行回访的过程中，销售人员应该准确了解客户在使用产品过程中遇到的问题，以及对产品的建议，及时帮助客户解决问题，更好地改进产品。

与此同时，在这个过程中，销售人员还可以寻找合适的机会向客户宣传公司的新产品和优惠政策，促使客户进行再次购买。客户回访是对客户表达关怀最为直接的一种方式，销售人员可以通过成功的回访提升老客户对自己的好感度，为再次成交创造机会。

第四节
经验来自复盘，成功来自坚持

很多销售人员都产生过这样的困惑：明明自己和同期入职的同事一样努力，但是其他同事都成长得很快，为什么只有自己一直在原地踏步？其实这些销售人员都忽略了销售中的一个重要环节——复盘。

小卢在一家灯具公司做销售工作，业绩在全公司一直名列前茅，深得领导的认可。公司年终总结大会上，领导让他代表销售部上台与大家分享自己的工作经验。小卢上台后，给大家讲述了一些她在销售工作中遇到的困难，以及自己是如何克服的。此外，他还提到了自己有一个非常重要的习惯，那就是坚持复盘。他说，正是因为坚持复盘，他才在销售领域慢慢有了建树。

　　然后，他给大家展示了一份他在年终时做的年度工作复盘表，其中主要包括三方面的内容。

　　第一方面，工作成绩。主要包括：当年完成了多少工作？创造了多少业绩？最大的一单和最小的一单分别是怎样成交的？这一年在工作中最遗憾的一件事是什么，为什么？如何看待今年的销售趋势？当前工作进展如何？……

　　第二方面，存在的问题。主要包括：这一年在工作中有哪些问题没能解决？是什么原因导致的？有哪些客户没有谈成？原因是什么？新的一年里要如何改进？……

　　第三方面，下一年的工作计划。主要包括：下一年有哪些工作安排？计划完成多少销售目标？如何拆解销售目标？如何做才能有效达成销售目标？……

　　听完小卢的分享，台下掌声雷动。

　　有的销售人员在某一个阶段业绩很好，但他却不知

道自己是如何做到的，把业绩好完全归功于运气好，从不
思考是不是自己做对了某一个销售动作，所以促成了交
易；同样的道理，有的销售人员一直业绩很差，也不知道
自己业绩差的原因，不懂得总结和复盘，只认为自己是运
气不好，这样就没有办法掌握规避失败的方法，创造好的
业绩。

那么，销售复盘到底要做哪些动作呢？

1. 回顾目标

只有清晰了解目标是什么，才能发现当下与目标的距
离，才能知道努力的方向。

2. 反思销售过程

对自己与客户的交谈、沟通过程进行回顾与反思。

3. 分析成败原因

无论是否顺利成交，都要认真分析原因。

4. 总结经验方法

分析原因后，强化正确的销售动作，形成一套方法论，并在后续销售工作中不断优化。

如果从时间角度来划分，复盘一般可以分为三种，分别是及时复盘、阶段性复盘和全面复盘。一般来说，小事及时复盘，即行动结束后立即复盘，制定改进方案并落实；大事阶段性复盘，即大的项目在执行中要进行阶段性复盘，及时调整目标和策略；项目结束后全面复盘，总结经验教训和规律。

要想做好复盘，让复盘真正发挥效用，还要注意以下两点。第一，复盘不要流于形式。很多销售人员都知道复盘很重要，却不知道为什么重要，所以往往只是表面上做了复盘这件事，却没有从复盘中获取任何有价值的东西，这样的复盘不如不做。真正有用的复盘，必须总结经验和教训，并及时改进；第二，不要把目光聚焦于业绩多少，而是要关注销售过程，关注过程才能真正发现问题、解决问题。

人生如逆水行舟，不进则退。销售工作也是如此。销售人员需要在工作中不断完善自身、优化工作方法，才能在竞争激烈的市场中赢得一席之地。